神様、そんなこと言わないで、早く地球を救ってください!!

これからの世界に
一体ナニが起こるの!?

Yuko Tsurumoto
弦本祐呼

ヒカルランド

はじめに

わたしに初めて神様の声が聞こえたのは、２０１９年10月15日、京都にある眞名井神社（丹後国宮元伊勢籠神社の奥宮）の記念式典に参列したときでした。その日の朝、大好きな友人夫婦とわたしたち夫婦で京都駅から眞名井神社へ車で移動しました。少しするとパラパラと雨が降り始めました。

それからまもなく、雨はやみ、虹が出ました。何個も何個も……。

私は生まれて初めて虹の始まりをくぐりました。高速道路から虹が出ていたのです。右の山にも左の山にも虹が出て、こんなに何十個もの虹が出ているのを初めて見ました。それが、神社に着く手前まで続きました。

神社に着いてすぐ、太陽が綺麗に顔を出しました。

その後、眞名井神社の式典の最中、また小雨が降り始めましたが、終了後に雨はやみ、巫女さんによる舞がありました。

その時です。

「桃」の香りがしました。辺りを見回しても「桃」なんて在りません。それなのに香りが……。甘くて良い香りだったので、ずっとクンクン嗅いでいました。本当に不思議でした。

すると、今度は誰かから「**せおりつひめ。せおりつひめ**」と何度も呼ばれました。

一度ならきっと覚えていませんが、わたしを何度も何度も呼ぶので、

「わたしは弦本《つるもと》祐《ゆう》呼《こ》でせおりつひめじゃない！」「しかも、せおりつひめって誰？　わたしが知ってる姫と言えば、『あんみつ姫』（※Ｐ５）くらいなんですけど！」と心の底から思いました。

わたしは、２０１７年から困った時の神頼みで神社を参拝するようになり、なんとなく「面白そう」と始めた御朱印集めはしていましたが、神様について全くと言って良いほど知りません。

「あめのみなかぬしさま」がいるっていうことはインターネットで見て知ってました（といっても知ったのは２０１８年くらい？）。

どれくらい神様を知らないかというと「あまてらすおおみかみさま」という名前は両親から聞いたことがあるので知ってはいましたが、恥ずかしいことに、「天照大神」と書くことを知らなかったので、神棚にあるお札を「てんしょうだいじん」とずっと読んでいました。

ある時、わたしの主人に「そのてんしょうだいじんのお札とって」とお願いしたとき、主人から「てんしょうだいじんってなに？」と言われて大笑いされ、わたしは、「穴があったら入りたい」と心底思い、恥ずかしさのあまり、顔を真っ赤にしました。そこで初めて「てんしょうだいじん」ではないことを知ったくらいです（しかも結構最近）。

私は幼い頃から、神様の存在、目に見えない存在は信じていましたし、霊感体質だったので、目に見えない物も見えたりしていたのですが、神様に対して、そんなに深く興味がありませんでした。

恥ずかしながら今でも詳しくは知りません。

そのため、何度「せおりつひめ」と呼ばれても全く理解できなかったのです。

眞名井神社から帰宅してしばらくしたある日、友人から「邪気払いや開運するには、般若心経と祝《のり》詞《と》をあげるといい」と聞きました。

良いと聞いたらすぐやってみる性格なので、般若心経と祝詞を調べました。祝詞は、ビックリするくらい沢山ありました。

わたしはとりあえず「大」がついていた祝詞を選びました。

「大きい」だし良さげだなと直感で思ったからです（単純です）。

それが「大祓《おおはらえ》祝《のり》詞《と》」でした。

すると、その祝詞の中に、わたしが何度も呼ばれていた「瀬《せ》織《おり》津《つ》姫《ひめ》」が出てきたのです。

瀬織津姫とはじめてご対面？　した日です。忘れもしません。主人に「瀬織津姫が出てきた！」と大声で叫んでしまいました。

わたしは後で知ったのですが、瀬織津姫は大祓祝詞にしか出てこない謎のお姫様で、数多くある祝詞の中からたまたま大祓祝詞を選んだことは、まさに奇跡でした。

２０２０年のある日のことです。突然、神様から「あなたが発信したことが、いずれ本になり世界中で読まれるようになるだろう」と言われました。

わたしは「そんなことあるわけない」と思っていました。SNS以外で文章を書いたこともなく、読書感想文も本を読むのも苦手なわたしにとって、本を書くこと自体、考えられない未知の世界です。普通に考えても「絶対無理」と思っていました。

でも、「この神様の言葉だけはみんなに伝えなきゃいけない!」と、心から思いました。

そこで、厚かましいとは思いましたが、わたしは神様にお願いしました。

「わたしだけでは本を書くなんて、絶対にできません。神様が手伝ってくださるのなら、やってみます。それから、わたしは難しい言葉が苦手で理解できません。できるだけ誰でも理解できる簡単な言葉で話してください」

今考えても厚かましすぎますよね。

でも、そんなわたしに神様は「分かった」とお応えくださいました。

ありえない話だと思いますが、真実です。誰より、わたし自身が一番驚いてます。

声が聞こえることさえ想像すらできなかったのに、それが「本」になるなんて、どう考えても何度考えても、信じられませんでした。

それから、約1年後の、2020年10月11日、初めて瀬織津姫と呼ばれた日に、あるご縁で知り合った神様に詳しい女性から、

「東京に前世や未来が分かる不思議な方がいるんだけど、祐呼ちゃん会ってみない？」と誘われ、

「会ってみたいです！」と即答しました。

それがきっかけで、２０２０年11月19日、ヒカルランド様との突然の出会いに繋がったのです。

そして、有り得ない早さでこの本の出版が決まりました。

普通に過ごしていたら会うはずもない方とのご縁に本当に驚いています。

神様から動かされているというか、神様が導いているとしか思えません。

ここから書く話は、わたしが神様と話してきたこと、神様と約束したことです。是非、多くの方に読んでいただき、何かを感じてもらえたら嬉しいです。

※あんみつ姫：倉金章介《くらかねしょうすけ》氏による日本のコメディ漫画。

神様、そんなこと言わないで、早く地球を救ってください！──もくじ

第3章

あれっ？ 質問したら答えてくれる!? 神様とのやりとり

登場神様紹介

天之御中主［あめのみなかぬし］様

私に話しかけてくる神様の中で、メインで話しかけて来られるのがこの《天之御中主様》。日本最古の歴史書である〈古事記〉の一番最初に登場し、天地創造の神と言われる神様です。この神様だけは人の形をしておらず、紺色の空間に浮かぶ、青白く光る「まーるい光」の姿をしています。

猿田彦［さるたひこ］様

腰が曲がり杖をついたおじいさん。少し赤ら顔で、とても優しい声で話しかけてくれます。《猿田彦様》は、物事の最初に現れ万事良い方へお導きになるという、みちひらきの御神徳で知られる神様です。

瀬織津姫［せおりつひめ］様

《瀬織津姫》は、「大祓の祝詞」にしかでてこない謎のお姫様。赤い着物を着ていて、髪の長い綺麗な女性の姿で現れます。わたしを「せおりつひめ」と呼ぶ声が聞こえたのですが、わたしって瀬織津姫なの? どういうこと?

ゼウス様

瞑想してたら突然現れた外国人風のおじいさん。立派な杖を右手に持ち、威厳はあるけど優しそうな温かみのある真っ白い髭で立ってました。何故か懐かしく思っていたら「あなたの父である」って!? どういうこと!?

ミカエル様

天使の中でもっとも神に近い存在と言われている《ミカエル》はあまりにも有名です。このミカエル様が主人の守護神らしいのですが、主人と車を運転していて、突然空に浮かび上がったミカエル様のその大きさに、びっくり仰天しました!

キラキラ光る小さな天使

何故かわたしが掃除をしているときにだけ現れる、キラキラ光る無数の小さな天使たち。可愛らしい小さな女の子の声で話しかけて来ました。いろんなことで悩んでいるわたしにとって、この天使の女の子の声にとても癒されています。

装丁・デザイン　坂川事務所
カバーイラスト　ゆゆん王国
校正　鷗来堂

第1章

えっ、神様が伝えたいことって「人間なんて死んでしまえ」!?

２０１９年12月のことです。

まだ皆様も記憶に新しいと思いますが、オーストラリアの森林火災のニュースを見て、コアラやカンガルーが焼け死んでいるということを知りました。

毎日毎日、焼け野原になっていく森林を見て、「どうすれば、この火が止まるんだろう？　そこに住んでいるのは、コアラやカンガルーだけではないのに……」と、胸が痛くなりました。

けれど、日本に住んでいるわたしには、当然のことながらどうすることもできません。

そのとき、ふと、もしかしたら「神様」が分かってくれるかもしれない、聞いてくれるかもしれない、と思い、話しかけてみることにしました。

願えば伝わるかもしれない。

わたし「神様は何故、こんな森林火災を許すんですか？　何故、酷いことをするんですか？

神様ってみんなの倖せを祈ってくださってるんじゃないんですか？

罪もないコアラやカンガルーたちを沢山殺して、木を燃やして、酷くないですか？

できることなら、この森林火災を止めてください。これ以上、被害を増やさないでください」

神様に向かって自分の思いを毎日話し続けました。

そもそもわたしは、神様は皆の倖せを願う人で、こんなことを許す神様に対して、意味が分からないし酷すぎると心から思っていました。

今考えれば、この頃、わたしは神様に向かって毎日、毎日、文句を言っていました。

神様に文句を言うなんて、そんな人いる？　と思われるでしょうが……。


10日程経ったある日のこと。

いつものように神様に自分の思いを投げかけていました。

すると突然、誰も居ない部屋のなかで、

神様「おまえたち人間が悪い」

と、声が聞こえてきました。

一体どこから聞こえているのか、誰なのかも分からない。

この、「目には見えない存在」の声に本当に驚きました。

「わたし頭がおかしくなったのかも……」と頭が真っ白になりました。

これが、見えない存在からの声が聞こえた、2回目の体験でした。

低めのトーンで男性が話している声を想像していただけると、イメージできると思います。

その声の主こそ、神様だったのです！

神様は紺色の空間に浮かぶ、青白く光る「まーるい光」の姿で現れて、私の問いに答えるように、ゆっくり話し始めました。

神様「私は何度も忠告した。
でも誰も耳をかたむけなかったではないか。
大きな台風、豪雨、地震、津波、
全てのきっかけは人間がしてきたことだ。
海を汚し、川を汚し、地球を汚し、その結果どうなった？
おまえたちが捨てたゴミを動物たちが食べ、
どうなったか分かるか？
見せてあげよう。
おまえたち人間によって、
山は崩され、海は汚れ、川は汚れ、
そこにいた動物たちは住むところがなくなった。
人間は、自分たちのエゴのためだけに、全てをギセイにした。
おしえてあげよう。
その昔人間たちは、全ての生命体、石や大地と、会話することが出来た。

草や木、虫や動物、魚まで。

お前たちが目をそむけたのだ。

自分たちのエゴのために。

聞かせてあげよう。

彼らの声だ」


『人間なんて死んでしまえ！』


わたしはこの言葉を聞く瞬間まで、自然に起こった森林火災を、人間が悪いなんて考えたこともありませんでした。

いつの間にか涙が溢れ、わたしは泣きじゃくっていました。

それでも神様は、話を続けました。


神様「全ては、あなたがたが今までしてきたことだ。

だから、もう止められない。

これから先、想像できないくらいの人間が死ぬだろう。

それは、あなたがたの身内も含めてだ。

全て仕方のないことだ。
あなたがたは、蚊を当たり前のように殺す。
そうやって、人間以外の生命体にこれまでしてきたことだ。
あなたがたにとって、不要だから殺す……」

淡々と話し続ける神様の声が心に突き刺さり、わたしは胸が張り裂ける思いで泣き続けました。
そして、おそるおそる聞きました。

わたし「死んじゃいけない人も死ぬんですか？」

神様「**そうだ。でも必要な人はまた別の体で生きる。**
これから先起こることはもう止めることができないのだ。
自然災害。ウィルス。天変地異。全て……」

そこからは、映像でした――

台風、大雨、竜巻、火災、津波、雷、異常気象、ウィルスによる病気、自殺、犯罪、飢餓……。

本当に沢山の映像が見えました。

それら全てが、人間が原因となり起こしてしまったことだと知りました。

私たちが住みやすくなるために作り、使っている、車、道路、家、食べ物、服まで……。

便利であること、簡単であることは本当にありがたいことです。

それが、こんなにも地球にとって良くないことを引き起こしているんだと初めて知りました。

そしてその映像の最後は〝ゾンビ〟でした。

人々の顔は皆青白く下を向いて、注射器を手に道を占領し、無表情のままゆっくりと歩く〝ゾンビ〟になっていたのです。

まるで誰かに操られているかのように道を歩き続けるゾンビ人間……。

目を覆ってでしまうくらい怖い世界を見せられました。

神様「あなたがたがやってきたことだ。今、わたしは人間を『分別』している」

わたしはそのとき、人間を分別しているということを、「生きる」か「死ぬ」か、で分別しているのだと思っていたので、とても恐ろしくなり、

わたし「もう止めて下さい！」

と、強い口調で言いました。

すると、次の映像に変わりました。

それは、わたしが今まで見たこともない、未来的でワクワクするような『パラレルワールド』の世界でした。

人間はテレパシーで会話をし、物はすぐに目の前に現れ、移動もテレポーテーション。

乗り物に乗りたい人は空飛ぶ乗り物に乗り、勿論、車のような物もありました。

ドラえもんのひみつ道具でタイムトラベルでもしているような、時空を超えた、見たことのない世界でした。

いずれ、子どもたちか、その子どもの子どもたちの時代に、こんな世界になるのであれば、現実を認め、ちゃんと向き合おうと思いました。

そして、これ以上は見なくていい、知らなくていいと思いました。

全て、私たち人間がやってきたことなんだから、と受け入れました。

すると、青白く光る「まーるい光」の神様は、ゆっくりと話しを続けました。


神様「不安を与えているのではない。気づかせるために話しているのだ。

これから起こることから目をそらすな。ちゃんと知る必要があるのだ。

あなたにはわたしの言葉を伝える役割がある。

あなたを信じない人も現れ、非難されることもあるだろう。

でも恐れるのではない。

ちゃんと伝えるのだ。

1人、また1人と仲間は増える。

そして、多くの人があなたの周りに集まるだろう。

他の人には聞こえないのだから」

この日の会話はこれで終わりましたが、

「伝えろ」と言われても、こんな話を誰が信じてくれるのかも分からず、

「頭のおかしな、変人だと思われるんじゃないか」

そんな不安が頭をよぎり誰にも言えませんでした。

しばらくは一人でうじうじと考えていましたが、この頃はまだ、森林火災は続いていたので、

わたし「この森林火災を止めることはできますか？　雨を降らせてください」

と、神様にお願いしました。

そして、次の日の朝のニュースに、目を見開きました。
大雨が降って、オーストラリアの街に洪水が起こっていたのです。
今度は怒り気味で、神様に話しました。

わたし「雨を降らせてとお願いしたけど、ちょっと降らせすぎじゃないですか？
大洪水が起こってますよ！
街にその濁流が流れ込み、大変なことになっているじゃないですか！」

神様「あなたが雨を降らせろと言った」

わたし「言いましたけど……」

わたしは驚きを隠せませんでした。

こんなに早く願いが届くなんて！

その日からわたしは、森林火災のニュースを目にすることがなくなりました。


しかし、新たな悲劇が起こり、私は再び恐怖に襲われました。

２０２０年１月末、「新型コロナウィルス」がニュースに出てきたからです。


わたしは、腰が抜けるほど驚きました。

それをきっかけに、神様の声が聞こえるようになったことを、おそるおそる主人に打ち明けました。

主人は、さほど驚いた様子もなく、頷きながら聞いていました。

何で驚かないのか、何とも思わないのか、不思議でたまりませんでした。

普通の人なら、

「何バカなこと言ってるの？　とうとう頭がおかしくなったんじゃない？　病院でも行く？」

などと言われそうなところだと思います。

なのに、何も言わず頷くだけ。

後で聞いてみると、冒頭の文章でも触れたように、瀬織津姫と呼ばれたことや、わたしに元々霊感

もあったことから、

「ついに来たか！　俺の奥さんの出番が来たか！」と思っていたそうです。

ここでは詳しくは触れませんが、主人は幼少期「ＵＦＯ」に連れ去られた経験があり、実はスピリチュアルなことが大好きだったらしいのです。

「ＵＦＯ」はともかく、こんなにも喜んでくれるとは思ってもみませんでした。

主人にしてみれば、待ち望んでいたことで、ワクワクして自分の出番を探していたようです。


この日からわたしと「神様」との会話が本格的に始まりました。

最初はまだ会話ではなく、ただただ一方的に言葉が聞こえるだけでした。

ある時は、歩いていて突然、
「目醒めよ」と言われ、
またあるときは、テレビを見ていたときに、
「中国はほろびる」と言われ、
こんな調子でポツリポツリと言葉が聞こえてきました。

「地球を救えるのは日本人」

「お金はなくなる」

そんなことを急に言われても、

「何のこと?」「ほんとに?」「そんなことあるわけないじゃん!」

と思うしかありません。

時には、

「未来は明るい」

と言われ、安心することもありました。


ある日のこと、お風呂上がりに髪を乾かしていたとき、

「地球が泣いている」

と言われました。


そのことを主人に伝えようとしたら、突然、

「ミャーと何の声かも分からないものが聞こえる」

と、主人がわたしに伝えに来ました。

わたしが聞いた「地球が泣いている」とほぼ同じタイミングでした。

その夜撮った写真には、真っ暗な夜の地面からゆらゆら揺れる線状のすごく不思議な光が写っていました。

ある日、朝食の準備をしていた時、

「愛は光」

と言われました。

コロナ禍のニュースで「ダイヤモンド・プリンセス号」の話が出てきているタイミングでした。

「愛は光」の意味がさっぱり理解できないままテレビを見ていたら、船長さんや船員さんたちが一生懸命に、乗客の方をサポートしていました。

そんな船員さんたちへのメッセージを、乗客の方たちが自分の部屋の扉に貼っていたのです。

「Thank you」

メッセージを見た船員さんの、「この一言で頑張れるんだ!」と言う声が、丁度聞こえてきました。

それを聞いて「これだ!」と思いました。

相手を思いやる心が、「愛」となり、相手にはそれが「光」となり伝わる!

そのことに気づいた瞬間でした。

思い出さなければならない心が、ここにあると感じました。

不安を煽るようなニュースが続いていたある日、神様は言いました。

神様「コロナは怖くない。
あなたを不安にさせることが起こり、戸惑うこともあるだろう。
だけど大丈夫だ。
不安を与えているのではない。気づかせるために話している。
もっと大変なことは起こる。
目をそらすな。ちゃんと知る必要があるのだ。
これからあなたを信じない人も現われ、非難されることもあるだろう。
でも、恐れるのではない。ちゃんと伝えるのだ。
1人、そしてまた1人と仲間は増える。だから、
あなたはわたしの言葉を伝える役割があるのだ」

わたし「ほんとに大切なことだと思うので、できるだけ、みんなに伝えてみようと思いますが、わたしを知っている方か、直接お会いした方にしかお伝えする方法が分かりません。SNSで発信したいのですが、やっぱり何と思われるのかが気になり、なかなか勇気がでません。どうか力を貸してください」

と、再度お伝えしました。

神様は、短く「わかった」とだけ言いました。

こうしてわたしは「まーるい光」の神様と、約束を交わすようになりました。

ある日、友人にこの話をしたとき、「その、まーるい光ってなんていう神様なの？」と聞かれ、まーるい光に「あなたは誰ですか？」と聞きました。

しかし、何も答えてくれず、とりあえずわたしが知っていたのが、天地創造《てんちそうぞう》の神である天之御中主《あめのみなかぬし》様（※P28）だったので、「天之御中主様ですか？」と聞きました。

すると、「そうだ」と言われました。何故かこの時「やっぱりな……」と思いました。

毎日やりとりしている内に、だんだん、「まーるい光」以外の「神様」や「天使」が現れるようになりました。

それは自分でもあまりにも突然すぎて理解できない感じでした。

神棚に祝詞と般若心経を奏上していた時には、長い鼻と長い白髭のおじいさんが出てきました。このおじいさんは、わたしが毎日話している、まーるい光の神様ではなく、腰が曲がり、杖をついた、おじいさんです。

このおじいさんの言葉は第2章で紹介しますが、とても優しい声で、話してくださいました。

ちなみに、このおじいさんとは、神棚のある和室の部屋で瞑想をしているときしか話せません。

この頃から、わたしの心に少しずつではありますが、変化が起こり始めました。

ある日、色々な話を親身に聞いてくださる霊能力者の先生に、

「髭と鼻が長くて腰が曲がってるおじいさんみたいな人が、突然話しかけてきて……」

と話をしました。

すると先生が携帯を取りだして写真を見せてくれたのですが、その写真を見てビックリしました。

そこに写っていた方こそ、わたしと話していたおじいさんそのものだったのです。

そのとき初めて、そのおじいさんが、みちひらきの神と言われている、「猿田彦大神様《さるたひこだいじんさま》」（※P28）なのだと知りました。

これをきっかけに、わたしの小さすぎる器は、だんだんと大きくなっていくことになるのでした。

神様との約束も守らなければなりませんが、なにより、今悩んでいる方に、わたしと神様との毎日のやりとりをお届けしたくて、この本を書いています。

毎日違う会話をしているので、ここに記載しているのは、日常話しているほんの一部だけです。印象に残った会話と、わたしがお伝えしたいと思った言葉だけを書いています。

わたしがどんな人なのか丸裸になってしまいますが……。

優しい気持ちで読んでいただけると倖いです。

きっと皆様の悩みの解決のきっかけになるのではないかと思います。

※天之御中主様：日本神話の天地開闢において登場する神である。神名は天の真中を領する神を意味する。

※猿田彦大神：物事の最初に現れ、万事良い方へお導きになる大神。みちひらきの御神徳でしられている神様。

自己紹介

ここで自己紹介をさせてください。

わたしは農家である父母の間に、3人姉妹の次女として大分県中津市に生まれました。父は日本の農業を良くしたいという思いで、明治大学を卒業後、長野県にある八ヶ岳農業実践大学校の先生になりました。

27歳で実家の大分県に戻り、「これからの農業は規模を大きくしなければ」と、当時では考えられない広さで1986年9月、小葱栽培を始めました。

「おおいた味一葱」というブランドをJAと0から立ち上げ、大分県から日本中に広げていきました。

小さな頃からわたしは朝早くから夜遅くまで休みなく働く父と母をずっと見て育ちました。自分の子供のように大切に葱を育てているのも十分に感じていました。

長時間ハウス作業をし、帰ってからも出荷作業に追われ、ほぼ家にいなかったので、農業がどれだけ大変か知っていました。だから、農業だけはしたくなかったのです。姉妹だけだった弦本家には跡継ぎがいなく、ある時期から父に「どうするんだ?」と、毎日のように言われるようになりました。父の作り上げてきた功績（父は緑白綬褒章、農林水産大臣賞等数々の賞を頂いてきた農業大好きな人です）と、この広い葱畑を、娘に渡すか、全く知らない他人に渡すか悩んでいました。

そこで、わたしは当時の夢を諦め、父の意思を継ぎ、主人（養子に入ってくれました）と結婚して農家になりました。全く知らない人に、父がやってきた農業を引き継いでもらうという考えが、自分にはありませんでした。

学校で農業を教えていた父なので、農業の知識豊富な人です。

主人は、農業など全く興味も無く、何も分からない状態で農家になったので、最初は父に色々教えてもらい一緒に栽培していました。

でも、その栽培方法に疑問を持つところが多くあったと言っていました。

そこで、父と主人の葛藤が起こりました。

父の栽培方法は、今まで学んできた農業の豊富な知識で堆肥を作り、農薬等を使うもの。

主人は身体に良い野菜を育てたい思いから、化学肥料は使わず人や環境に優しい農業。

父と主人の間で喧嘩になりました。育つ「葱」が全く違うから当たり前だと思います。

この話だけでも本になるくらい色々な経験をさせて頂きました。そんな父と主人の間で、板挟みになった身体の弱い母は、わたしと同じくらい辛かったと思います。

最終的に2015年11月、父が主人に全てを譲り、主人が社長となりました。

農業が大好きすぎて、わたしたち子どもよりも葱のことを1番に考え、365日畑に行っていた父が、農業から手を引いたのです。

「見たらつい口を出したくなるから」と畑に来ない日が続きました。

子どもより可愛い「葱」に会えなくて、どれだけ辛かったか……。

わたしは、父の農業を否定するつもりはありません。それが良いと勉強し、みんなに教えてきた人です。父は日本中の誰よりも農業が大好きでいつも畑にいました。

わたしはそんな大尊敬する父に主人を認めてもらいたくて、世界一美味しくてみんなから愛される『つるちゃんねぎ』というブランドを主人と立ち上げました。

名前もパッケージも、『つるちゃんねぎ』をずっと好きでいてくれているお客様や従業員みんなで決めました。今では口コミで、「葱嫌いだったのにこの葱だけは食べられるようになった」と何人ものお客様から嬉しい言葉を頂くようになりました。

主人の作る葱は本当に美味しいです。もし食べたことのないかたがいたら是非食べてみてください。絶対美味しいと言っていただける自信があります！

ですが、ここまで来るには、何度か人に騙される経験もしました。

その辛い時期にわたしの心の支えになってくれたのが、私の父の従兄弟である「弦本將裕《つるもとまさひろ》」であり、従叔父《いとこおじ》が作った「個性心理學®」（※）でした。従叔父はわたしに個性心理學を学ぶよう勧めました。

「祐呼。一つのことだけを見るんじゃないよ。ちゃんと全てを見るんだ」と教えてくれました。当時、どうしてもその苦しみから抜け出したかったわたしは、「個性心理學研究所®つるちゃん支局」を立ち上げました。

そして、この出会いがわたしの人生を大きく変えてくれました。

わたしはそんな出来事から、自分と同じ様に辛い経験をした方や悩みを抱えている方に、元気になってもらいたいと、２０１７年８月認定講師・カウンセラー資格を取得。

２０１８年１月からつるちゃん支局を立ち上げ、現在カウンセリング、講師育成、セミナー講演活動等を行っています。

※【個性心理學®】とは、人間の個性を12の動物キャラクターに当てはめたイメージ心理學で、1999年頃ブームとなった「動物占い」が進化した形です。1997年4月に「弦本將裕」によって考案され、ました。今では世界14カ国以上で親しまれています。

第2章

神様から
いただいた
チョット毒舌な
言葉

この章に書いていることばは、当時も今も理解できたりできなかったりしていることをそのまま書いてあるのでとても恥ずかしいのですが、一緒に答えを見つけていただけたらと思います。答えが分かったら、教えて欲しいです。

神様からの言葉①

「あなたは自分を愛してますか？ まずは自分を心から愛しなさい」

（天之御中主様）

コロナ禍で子どもたちが毎日家にいて部屋が散らかり、イライラして子どもたちを怒ってしまいました。全く関係ない昔のことまで持ち出してストレス発散している自分が情けなくて落ち込んでいた時、言われた言葉です。

「自分を愛していますか？」と聞かれ、そのとき素直に「はい」と言えませんでした。イライラしている自分を受け入れることができなかったからです。

自分を愛せない人は他人を愛することはできない。

分かっているつもりですが、イライラしていた自分には難しかったです。

神様からの言葉②

「良いも悪いもない。

全て自分が決めていること。

今起こっていることは現象にしかすぎない。

その奥を見よ」


（天之御中主様）


神様からウィルスの話を聞いた後に未知の新型コロナウイルスが出て来て、驚きを隠せませんでした。

当時、子どもたちを守りたいと思い、そして早くの終息を願い学校を休ませていました。

それが正しいと思っていました。

ですが、そうは思わない人もいます。そんな時、神様から言われた言葉です。

確かに、その時は起こっていることだけに目を向けてしまい、

「なんでなんだろう?」

と悩んでいました。

最初の頃は神様の言っている言葉を理解することはできなかったです。

神様からの言葉③

「執着するくらい手放せずにいて、大切なら、
その自分を認めてあげなさい。
人と自分を比べることは、
自分を見ているのと同じ。
自分の嫌な部分を認めたくなくて、
人のせいにしている。
人を羨んでいる間は、自分を愛せていない」

（天之御中主様）

全てが自分にとって大切で、やらなければいけないことだけど、自分のキャパをオーバーしていて焦ってしまい、なんで私だけこんなにやらなきゃいけないんだろう？　と他人と比べて羨んでいました。そして、そんな自分を否定していたので、手放さなくて良いんだと思い安心しました。

神様から言われる一言一言が心に刺さりました。

神様からの言葉④

「人を悪く言う間は、自分を愛せていないのだよ。全て受け入れ、全てを愛す。そして、泣きたいときは　泣きなさい」

（天之御中主様）

仕事と家事・育児に追われ、行き詰ってしまい、手伝ってもらえないことを怒り、その自分が嫌で、自己嫌悪に陥って「泣きたいときは、泣きなさい」の言葉に何かの糸が切れたかのように泣いてしまいました。

泣いたら気持ちもスッキリでした。ホントよく泣いた！

神様からの言葉⑤

「自分の身体とうまくつきあいなさい。身体を壊さないようにあつかうのは自分だ」
（天之御中主様）

少し無理をしていて、頭痛が酷くなってきたときに神様から言われた言葉です。
自分の身体への感謝を忘れずにいようと思いました。

神様からの言葉⑥

「何故、上手くいかないと嘆くかわかるかい？
それは、上手くいくことを知るためなんだよ。
もし、そのやり方で上手くできなかったら、
違うやり方でやってごらん。
それでもだめだったら、また違うやり方でやるんだ。
そうすれば、必ず上手くいくときがやってくる。
それが経験であり成長なんだよ。
それを諦めたら終わり。大丈夫。やってごらん」

（猿田彦様）

仕事のことで悩んでいた時の会話です。
この会話で、とりあえずやってみよう！　と背中を押してもらいました。

神様からの言葉⑦

「人と自分を比べるのは、自分を見ているのと同じ。自分の嫌な部分を認めたくないから、人のせいにしているだけだ。人を羨むな。自分を愛し、人を愛すんだ」

（天之御中主様）

この言葉を言われたとき、最初は言っていることが理解できませんでした。

私は人に甘えることができない性格で、全て自分で抱えてしまいます。

人にお願いできる人を見て良いな……。自分もそうなってみたい。

そう心の中で思っていた時の会話の一部です。

全て決めているのは自分なんだと気づきました。

神様からの言葉⑧

「人間のエゴはなくならないだろう。
なぜなら地球という星がそういう星なのだから。
悪があるから善がある。それを感じるために、それを感じ
たくて、あなたがたは、この星を選び産まれてきたのだよ。
人の悲しみが分かる人は、人の喜びが分かる。
どちらかだけはないのだよ。だから全てを受け入れ自分を
愛すことが大切なんだ」

（天之御中主様）

何故、人は言い争いをするのか？　何故、譲り合うことができないのか？
何故、エゴが存在するのか？　話していたときの会話です。
全てが経験なんだと思いました。

神様からの言葉⑨

「言葉には言霊がある」

（天之御中主様）

「自分が言っているいる言葉をいちばん聞いていているのは誰か分かるか？」と言われ、「自分です」と答えました。

その時に神様に言われた言葉です。

「でも〜」、「だって〜」、というより「ありがとう」「うれしい」「倖せ」と言っていた方がそれを感じることが現実となって現れる。

あなたが、「でも〜」「だって〜」と言っている間は、何も変わらない。と、後から天之御中主様に教えていただきました。

神様からの言葉⑩

「自分が発する言葉が大切なんだよ」

（キラキラ光る小さな天使）

この日、小さな女の子の声をした、キラキラ光る小さな天使が突然出てきました。

落ち込んでいてネガティブな言葉を言っていては、それが現実になる。

そう何度も聞いていて知っているはずなのについ頭で考えていたとき、言われた言葉です。

いつも話している声と違って、
可愛らしい小さな天使の言葉に、改めて自分を振り返ることができました。

この頃から、たまに天使の姿が目で見えるようになってきました。
最初は、「何これ？　めっちゃキラキラしてる!!!」と驚き、
そこにたまたまいた霊感のある長女に、

「ねー、きてきて！　キラキラした天使いるよね？」

と話し、

「うん。すごくいっぱい」

と、２人で驚きました。

この天使は、最初は、わたしが掃除をしているときにだけでてきていた天使で、可愛らしい小さな女の子の声で話しかけて来ました。

いろんなことで悩んでいるわたしにとって、この天使の女の子の声は癒やしとなりました。

神様からの言葉⑪

「誰かに何かを言われて嫌な気持ちになったとき、その奥にある愛を感じなさい。そして感謝しなさい。それはあなたにとって必要な気づきだった。悪いことは何もない」

（天之御中主様）

主人に言われたくないことを言われて、機嫌が悪くなってしまい、子どもに八つ当たりしそうになったときに言われた言葉です。

主人は私に笑っていて欲しいので、無理せず、休憩して欲しいのだと思います。笑っていたらお互い優しい気持ちになれるから、感謝を忘れないようにしようと思いました。

神様からの言葉⑫

「人間ってね。みんな話をきいてもらいたい動物なんだよ。何才になってもね」

（キラキラ光る小さな天使）

わたしの実家にいる祖母と久しぶりに会ったとき「元気？　最近どうしてる？」と話をして、祖母からも「あなたは元気にしてたの？」と聞かれ、ただそれだけの会話だけでも、心が温かくなりました。

その翌朝、突然現れた天使が、話していた言葉です。

０才の赤ちゃんでさえ、泣いて自分を理解してもらおうとする。１００才のおじいちゃんおばあちゃんでも、話しを聞いてもらいたい。皆同じなのだと教えて頂きました。

神様からの言葉⑬

「いつも笑っている人の周りをみてごらん。
皆笑ってる。
いつも怒ってる人の周りをみてごらん。
皆怒ってる。
いつも文句をいってる人の周りをみてごらん。
皆文句を言ってる。
わかるかい？
みな自分と同じ波動の人が集まってるんだよ」

（猿田彦様）

自分の周りにいる人のことを改めて見直しました。
笑っている人の周りを見たらたしかに、皆ニコニコ笑っていて、
怒っている人の周りは、皆怒っている。
わたしが怒っていたら、周りは怒り、わたしが笑えば、周りは笑う。
それなら、笑いたいと思います。ありがとうございます。

神様からの言葉⑭

「言霊を感じなさい。あなたが発している言葉が全て現実となっていることが分からないのか？」

（天之御中主様）

毎日忙しい、忙しいと言っているから忙しい現実が起こるんだと、分かっているつもりでいるけど、現実を受け止めることができなくて、1人になるといつも「なんでこんなに忙しくしなきゃなの？」と考えてしまい、そんな時、神様から言われた言葉です。反省。

神様からの言葉⑮

「〝迷い〟というのは素晴らしいことなんだよ。感じている証拠なんだよ」

（猿田彦様）

「多くの人に伝えることができていないけれど、どうすれば良いのか？」「わたしにできるのか？」「わたしで大丈夫なのか？」と、自分の中で葛藤を続けていた時の言葉です。

人生初となるZOOMで主人とコラボ講演をする機会があり、まだお会いしたことのない、不特定多数の方の前で、神様との会話を伝える機会を得ました。

その時聞いて下さった方の感想が凄く良かったので、もっと沢山の方にお伝えしたいという思いが大きくなってきました。

まだまだ、葛藤中ではありますが……。

神様からの言葉⑯

「真実の目で見るのだ。良いも悪いもない。人を疑ってはいけない」

（天之御中主様）


コロナウィルス感染者数を毎日伝えることに疑問を抱いたときの会話です。

本当はどうなんだろう？　みんなマスクをして、消毒をして、顔が見えないでいること。

スーパーのレジに行けば、ビニールが貼られ、何か違和感を感じ、
この目に見えないウィルスに恐怖を感じて、経済が変わり、生活が変わり、
もっと伝えなければならないことがあるはずなのに。

これで、世界は平和になるのか？　これで地球は喜ぶのか？

ただこの目に見えないウィルスが収まるのをじっと待つだけなのか。

偉い人の言いなりになり、右にならえでワクチンを打ち大丈夫なのか……。

疑問に思わない人が何でこんなにいるのか？

と、色々話していました。

神様からの言葉⑰

「全てを受け入れなさい。愛だ」

（天之御中主様）

色々考えていても、結局決めるのは自分で、
自分を認めて欲しいと思うから、相手に自分を認めて貰えるようただ求めているだけ。
その思考の違いがイライラの原因。
お互いの思いの奥には愛がある。
だから、お互いを否定するのではなく、分かったよ、と全てをただ受け入れるだけ。
分かっているけど、それが難しい。まだまだ、だな。

神様からの言葉⑱

「できない理由を考えるより、まず行動」（天之御中主様）

「自分には時間がなくてできない」と思っていた時に言われました。
行動しているのに……。まだしなきゃいけないの？　と最初は思っていました。
が、とりあえず行動してみないと何も変わらないだけでなく、
ずっと同じことのくり返しだと思いました。

神様からの言葉⑲

「足るを知る」

（天之御中主様）

この日の朝、祝詞を唱えた後、突然聞こえた言葉です。
足るを知るとは、身分相応に満足することを知る、ということ。
欲張らずに今の生活の中に満足を見出そうと思いました。

神様からの言葉⑳

「あなたは皆から愛されている。
もう分かっただろう?
自分と他人は違うんだよ。
あなたが思っているほど人は何も思ってない。
だから大丈夫だ。
言いたいことがあるのなら
愛をもって伝えなさい。
そうすればきっと伝わる」

(天之御中主様)

他人はあなたが思ってるほど何とも思ってないと分かっているのに、中々言えないことってありませんか？

考え過ぎる自分と葛藤中でした。

愛を持ってお伝えする。

「やってみます！」

神様からの言葉㉑

「あなたは自分が望んだ通りになっていることに
気づいていない。
あなたが小さい頃にした経験。
それはあなたを強くした。
全ての経験がなければ今のあなたはいない。
あなたが出会った人、
それはあなたが望んだから出会えた。
良いも悪いもない。
ただそれだけだ。

これまであなたに色んなことを伝えた。
分かっただろう？
あなたより辛い経験をしている人は、沢山いる。
これ以上あなたは何を望む？
皆から愛され、全てがあるではないか」

（天之御中主様）

今まで確かにいろんな方にお会いしてきました。
皆様多くの経験をされていることも知りました。
「人と比べてはいけない」とわかっているのに、
比べ、足りないことを嘆く自分を反省です。

神様からの言葉㉒

「草の声を聞きなさい。何故そこに草があるのか感じなさい。そうすれば答えは出てくるはずだ」

（天之御中主様）

何故こんなに、ネギの圃場《ほじょう》に雑草が生えるのかと悩んでいた時の言葉です。

「草の声を聞きなさい」と言われても、「草と話すって？」となり、分かりません。

「何故そこに草があるのか感じなさい」と言われ、草を見て何故だか考えたけど、

「生えたいから？　命を残したいから？」くらいしか思いつかなくて、

答えが出ませんでした。まだまだです。わたし、成長します！

神様からの言葉㉓

「自分と他人を比べるのではない」

（天之御中主様）

何で自分ばかりこんなに忙しく働かなきゃならないのか、と嫌になっていたとき。
わたしが、自分と誰かを比較しているから、「今自分にあることにすら感謝できてないんだな」と受け止めました。反省。

神様からの言葉㉔

「取れば取られる。欲しいのなら与えよ」

（天之御中主様）

確かになと思いました。

神様の言葉は奥が深くて、勉強になります。

「与え足りないのか！」と反省中。

「欲を出しすぎ！」と、また反省。

神様からの言葉㉕

「あなたが何故だ？　と思っているということは相手も同じ。
自分と他人の違いに気づきなさい。
そうすればそれは無くなる。愛だ」

（天之御中主様）

わたしが「何故だ？」と思っていることを、相手も私に対して、「何故だ？」と思っていると言うことは……。
難しい……。まだまだ成長します！

神様からの言葉㉖

「これ以上、あなたは何を望むのか。
あなたは話すことができる。
言葉には、言霊というものがある。
あなたが愛の言葉をかければ、愛は返ってくる。
あなたが嫌な言葉を使えば、嫌が返ってくる。
わたしは皆に話すこともできない」

（天之御中主様）

この頃のわたしは、神様の声を伝えることに対して、まだビクビクしていました。

でも、伝えなきゃいけないと葛藤し、でもできなくて、神様には「わたしには、今、忙しくて時間が無いから出来ません」と言い訳ばかりしていました。

昨日も同じことを言われているのになかなか成長できないなと反省しました。

神様の言葉を早く伝えなさいと毎日のように言われてきました。

神様に教えてもらった治療法「痛みと骨折の対処」

わたしは体調が悪くなった時、いつも家にあるお地蔵様に手を合わせ、
「早く良くなりますように」とお願いしていました。
すると、何故か良くなっていたりしました。

子どもが産まれ、「ママ、ここ痛い」という子どもに
最初の頃は「痛いのが早く良くなりますように」と、痛いというところに手を当てて、
お祈りしていました。

それが、ある日、気功の先生と出会い、
「祐呼ちゃんには不思議な力があるから、出来るよ」と言われたので、
「へ〜、そうなんだ〜」と思い、早速帰ってやってみました。
それが、わたしと「気・エネルギー」との出会いでした。

その頃から、主人や子どもたちの体調が悪い時や怪我をしたときなど、手を当てて気を流したりしています。

最近では、気が流れているのが分かり、目で見えるようになってきました。

その効果は子どもたちや主人を見ていても明らかに分かるくらいです。


ある日、もっと的確に良くなるやり方がないのかなと思い神様に聞いてみました。

すると、まさかの治療法を教えてくれました。

身体のどこかが痛い場合

①痛いところに意識を向ける。
②意識を上の方、地球を通り越し、宇宙を通り越した、ずっとずっと上の方に持って行き、その空間にある広い場所に1つだけ光っているもの見つけ、その光を患部に向けて当てる
（その人の状態により、いろんな色があります）。
③悪い気は下に流し、良いエネルギーを頭から入れて、全体のエネルギーを整える。
終わり。

分からないときは、また教えてくれると神様は言いました。

骨折の場合

①患部に手をかざし骨を見てみる。
②骨をくっつけるイメージをする。
③意識を上（前項と同じように）に持っていき、光っているものを1つ見つけ、その光を患部に向けて当てる。

神様からの言葉㉗

「あなたはこれ以上、何を求めると言うのだ？
そこに愛がなければ、あなたが愛を伝えればいい。
愛はすごい。時間はかかるかもしれないが、
少しずつ愛は増える。
今できることは何か？　考えてみなさい。
あなたならできる。あなたは愛だ」

（天之御中主様）

わたしは毎日神様と話し、自分にはどうすれば神様の声をみんなに伝えることができるのか分からず、他人の評価ばかり気にして
何と思われるか不安で、神様に言い訳ばかりして、
できない自分が悔しくて泣いていました。

神様からの言葉㉘

「あなたはなぜそんなに悔やむ。
私は話すことができない。
あなたは。目もある。口もある。鼻もある。
耳もある。手もある。足もある。
これ以上、何を望むというのだ。
あなたは、とても愛されている。わかるだろう。
あなたより辛い経験をした人を沢山見ただろう」

（天之御中主様）

また今日も同じことを言われ、できない理由を探していました。
自分より辛い経験をしている人は、確かに沢山います。なのに、自分に自信が持てず、もどかしい自分への悔しさと、情けなさで後悔していました。

神様からの言葉㉙

「笑うかどには福来たる。笑うがいい。大丈夫だ」

（猿田彦様）

悩んでいる自分にとって前を向ける言葉で、背中を押してもらいました。

神様からの言葉㉚

「あなたは今、何をそんなに怯えているの？大丈夫だから」

（着物を着た綺麗なお姫様）

実は、この着物を着た綺麗なお姫様が、後に瀬織津姫だと気づくことになります（Ｐ１６４参照）。

わたしが神様の言葉を伝えることができないでいるのを見て、違う神様が「大丈夫だから」と言ってくれたのだと思います。

でも、毎日の温かい言葉にも、何をどうしたら良いのかさっぱり分かりませんでした。

神様からの言葉㉛

「あなたには凄い力がある。もう感じているだろう。その力を求めて来る人が現れるだろう。そのために、今あなたは、経験をしている。そのネガティブな感情の奥にあるものを感じなさい。あなたならできる。そして救いなさい」

（天之御中主様）

また、神様の声を伝えられていないわたしに対し、神様から言われました。今までも、気功の先生、霊媒師、スピリチュアルに詳しい方、宮司さん等から、「あなたには凄い力がある」と何度も言われてきました。ですが自分では理解できないし、何が何だか分からないでいました。だから、神様から「救いなさい」と言われても、どうすれば良いのか分かりませんでした。

神様からの言葉㉜

「コロナは序章にしか過ぎない。
このままではもっと大変なことは起こる。
そのための忠告だ。
ちゃんと真実を見るのだ。恐れるのではない。
今できることは何か。考え行動しなさい」

（猿田彦様）

この日、友人と話をしていてコロナウィルスについて聞かれました。
家に帰り、いつものように瞑想していると、猿田彦様がお答え下さいました。

神様からの言葉㉝

「人から愛されること　好かれることは簡単だよ　人が喜ぶことをすればいいんだよ。素直にね」

（キラキラ光る天使）


可愛らしい女の子の天使の声で、突然聞こえてきた言葉です。

どうすれば伝える事が出来るのかの「ヒント」をくれていたのだと、このときは理解していませんでした。

この天使が言う通り、みんなが、素直に人の喜ぶことをすることができたら、世界は変わるだろうなと思いました。

神様からの言葉㉞

「誰も悪くない」

（天之御中主様）


この日、翌日の沖縄出張をコロナ禍で、誰にも言えずにいた時に言われた言葉です。行くことは決めていたのですが、行く直前まで言い出せないことへのもどかしい気持ちでいっぱいでした。

沖縄へ行くのも勿論仕事のためですが、他の仕事もあること、子どもたちを置いて行くことへの申し訳なさがあり、親にも心配され、コロナの感染者数が増えていた沖縄へ絶対行くなと言われることが分かっていました。

何も言えず心が痛くて、ずっと葛藤していました。

神様からの言葉㉟

「あなたは人の目を気にしすぎだ。自分が本当にやりたいことは何だ？大丈夫。自分を信じなさい」

（天之御中主様）

沖縄出発の日、「自分が本当にやりたいことは何だ？」と聞かれました。

胸を張りわたしがやりたいと言えること……。凄く悩みました。

ただ、自分の人生に後悔だけはしたくない！　と神様に背中を押され吹っ切れました。

神様からの言葉㊱

「できないんじゃない。やらないだけだ。
すべてはもうそこまできているのに受けとろうと
しない。何故だ。
ただ受け取るだけなのに。
何を恐れる。怖がることは何もない。
わたしはあなたに会いたかった」

（天之御中主様）

わたしの仕事が多すぎて、神様の言葉を伝える行動ができず、後回しにしていた時にかけていただいた言葉です。

自分の変化を恐れていて、新しい自分を受け入れることができないでいるんだと分かっているけど、いつも時間がないと言い訳ばかりして、次に進めない。「やらないだけ」という言葉が心に刺さりました。

変化を恐れ、できない理由ばかり言う自分が本当に悔しかったです。

なのに、「会いたかった」と言ってくださる神様に泣きそうになりました。

神様からの言葉㊲

「よくきたな。大丈夫だ全てうまくいく」
（天之御中主様）

沖縄で唯一、天之御中主様をお祭りしている、沖の宮に行った時「いつもありがとうございます」と挨拶した直後聞こえた言葉です。

「全て上手くいく」今では、それしか信じません。

神様からの言葉㊳

「あなたが書いたこの本を読んだ人は、人のつながりの大切さ、人を思いやる心を思い出すだろう。それを思い出したとき、あなたは人から『ありがとう』と感謝される。ありがとうであふれたとき、それが愛にかわる。だから、大丈夫だ」

（天之御中主様）

この本を書いているにも関わらず、本当に出版して大丈夫なのかと思っていたときに、神様から言われて、少しだけ腹が据わりました。

神様からの言葉㊴

「今起こっていることは、
人間の私利私欲《しりしよく》のためにできあがったものだ。
もっと耳を傾けなさい。
目を逸らすのではない」

（天之御中主様）

２０２０年７月の豪雨で葱が思ったように育っていないことに対し、この先どうなるのだろうと不安に思って、何故ちゃんと育たないんだろうと、何かのせいにしている自分に対して言われた言葉です。「葱が育たないこと」への不満は、単なる「人間の欲」から来ているのだと気付かされ、反省しました。もっと、全ての現象を受け入れるべきなのだと思います。

神様からの言葉㊵

「人間は順応できる生き物だ。考えることもできる、話すこともできる、何でもできる。できないことばかりに目を向けるのではない。できることに感謝して進むことだ」

（天之御中主様）

葱の生育を天候のせいにして、自分を正当化しようとしていました。野菜は話すことができない、苦しくても話せない。分かって欲しくても伝えることができない。でも、わたしは人間だから、話すことができる。野菜に対しても、従業員に対しても、この不安な気持ちを一緒に乗り越えていけたらと思いました。今あることに感謝の気持ちを忘れてはいけないと学ばさせていただきました。

神様に教えてもらった治療法「鼻の痛みをとる」

朝起きて、娘が鼻が痛いと言っていて、鼻炎かと思って神様に聞いてみたのですが、「そうではなく、寒さで痛くなっている」と言っていたので、治療法を神様に聞いてました。

鼻が痛い場合

①腸をあたため動かす。自分の意識を患者の腸に集中させお腹を温めるイメージを送る。
②患者のお腹から腸が動くようなグルグルという音がしたら、中に溜まっている悪いエネルギーを腸を中心にして身体の末端に流すイメージをする
③足から悪いエネルギーを出す。
④蒸したタオル（熱いと感じるくらいの温度）でホットパックをする（鼻・顔にかける）。
↓その結果、娘の鼻の痛みはとれました。

神様からの言葉㊶

「あなたの嫌な人、それはあなたの鏡だ。あなたと同じだ」

（天之御中主様）

主人と葱のことで、意見の食い違いから喧嘩をしていて、イライラが止まらなくなっていた時に言われた、神様からの言葉です。

それが実は自分の鏡で、ただ自分の嫌な部分、受け入れたくない部分を映し出してくれているだけだと教えられましたが、全く理解できませんでした。

未だに認めたくなくて、これを理解するのにかなり時間がかかっています。

神様からの言葉㊷

「怒るのではない。受け入れるのだ。
怒るから、争いが起こる。
怒らなければ、それはない。
我慢ではない。受け入れ、認めることだ。愛だ」
（天之御中主様）

急用で連絡を取りたい主人に連絡がつかなかった時に言われた言葉です。
怒らなければ喧嘩はない。当たり前のことだと理解はしているけれど、難しいです。

神様からの言葉㊸

「あなたに今起こっていることは、必ず乗り越えることができる。やがてそれらは、素晴らしい経験となる。成長のために必要なのだ。そして、感謝になる。失敗を恐れてはいけない。大丈夫だ。成長しているということだ」

（天之御中主様）

主人の言動にイラッとしていたけれど、この苛立ちを乗り越えることができれば、主人を受け入れ許すことができるということ。それが自分自身の成長なんだと思いました。

神様からの言葉㊹

「やりたいことをやりなさい」

（天之御中主様）

仕事ばかりに追われて息が詰まっていたときに言われた言葉です。
「それができたら苦労しないよ」正直そう思いました。

神様からの言葉㊺

「愚痴を言うのをやめなさい。それは全て自分に返ってくる。それでも良いなら言いなさい」

（天之御中主様）

「なかなか行動できない」と、できない理由ばかり言っている自分が、嫌になっていた時の言葉です。

「愚痴は言いたくない。それができたら苦労は……」

神様からの言葉㊻

「必ず道は開かれる。なぜなら、人は倖せになるために生まれてきたから。必ず道は開かれる。なぜなら、それを望むから。必ず道は開かれる。なぜなら、あなたがそこにあるから。自分を信じなさい」

（天之御中主様）

行き詰まりを感じていた時に言われた言葉です。泣けました。わたしはわたしで良くて、ありのままで良い。自分を信じようと思いました。

神様からの言葉㊼

「あなたが他人を信じないのは、
自分を信じていない証拠だ。
まずは自分を知り、信じ、愛することだ。
そうすると他人を疑うこともなくなる」

（天之御中主様）

人に対し疑いを持ってしまった時に聞こえた言葉です。
自分を愛することができていない。といつも言われます。
自分を受け入れることはできるようになりましたが、
心から愛することは難しいです。

神様からの言葉㊽

「あなたがすることは、人を助けることだ。葱もそうだ。大丈夫、安心しなさい」

（天之御中主様）

神様の声を伝えることは人助けにもなる。
悩んでいる人に愛を伝えることができる。
誰が食べても安心できる葱を育てることで、みんなの食を助けることになる。
何かあったときにも食は必ず役に立つと教えてくださいました。

神様からの言葉㊾

「あなたが望んだ通りになる。
悪縁は切れ良縁が残る。
そして新しい縁も生まれるだろう。
何も心配する必要はない。今まで通りコツコツや
りなさい。
メルマガやSNSも毎日発信すれば必ず広がる。
あなたは本当に守られている。
愛を忘れてはいけない。
現象にとらわれるな。愛を感じなさい。

皆があなたを助ける」

（天之御中主様）

コツコツをつづけることを、できないでいたとき言われた言葉です。
わたしが望んだ通りになっていると言われ、わたしが望んだことでないのに。
と思いましたが、それが自分が望んだことなんだと、考えさせられました。

神様からの言葉㊿

「怒りからは怒りしか生まれない。
もし相手が怒っているなら、それは自分だ。
感謝しなさい。気づかせて頂いているのだから。
笑いは良い。いつも笑顔を忘れないことだ」
（天之御中主様）

「きつい言葉で話すと、きつい言葉が返ってくる」友人を見ていたとき、ハッとしました。「笑えば笑いが返ってくる」すごくシンプルなことだと気づかされました。

神様からの言葉51

「不要なものなどない。

人間が木を植えた。その山にいた生物は居場所を失った。

それは人間が学ぶためだ。良いも悪いもない。それで良い。

ただあるだけだ。

あの山を見てどう思った？　自然は変えられない」

（天之御中主様）


ある日、熊本の阿蘇市にある国造神社《こくぞうじんじゃ》に行きました。

国造神社周辺は植林され、昔の広葉樹ではなく、針葉樹林になっているそうです。

人間が自分たちの都合で、元あった木を切り、植林し、そのために元々いた動物たちはどうなったのか。

自然は人間の手で作り替えられ、元に戻ろうとしているのではないかなと思いました。

神様からの言葉㊗52

「思い出しなさい。楽しむことを。
我慢しなくていい。
そうすれば道は開かれる」

（天之御中主様）

全てが思うようにいかず、我慢ばかりしていて、ストレスが溜まりすぎていました。
この時は楽しみなさいと言われても、道は開かれると言われても、なかなか信じることができなかったです。

神様からの言葉㊿53

「できないことをすることはない。
あなたのできることをやりなさい。
そして楽しみなさい。
それでいい。恐れなくていい。
自分の道だ」

（天之御中主様）

できないことをすることはないと言われても、しなければいけないことばかりで、いつも、
楽しむことを忘れています。
自分の道は、自分で切り開きたいと思った日でした。

神様からの言葉㊿

「ただあるだけ。否定するから否定が生まれる。ただあるだけ。それだけだ」

（天之御中主様）

認めたくない現実を嫌だと否定し、どうしようもないことだと分かっているだけに、悔しさと情けなさが心にいっぱいあったときに、神様からかけられた言葉でした。ただあるだけ。この言葉でわたしは、以前なら逃げていたことも、以前よりは受け止めることができるようになりました。

神様からの言葉㊺

「あなたの心にあるネガティブなものを感じ手放しなさい。
人はみな分かってほしい。気づいてほしい。
何才になってもだ。
素直になり、手放しなさい。
そのとき　あなたは大きく前進する」

（天之御中主様）

台風で被害が広がりコロナウィルスもあり、自分ではどうすることもできない自然のことに、この先どうなるのか不安でたまらなく、そのネガティブな感情を毎回きちんと捨てることができたら、どれだけ楽かと心から思います。

神様からの言葉56

「あなたが相手のためを思って言っていることだとしても、
それは、こうあって欲しいと思う、自分自身の欲だ。
本当に相手を思うなら、相手を認め、受け入れてあげる。
ただそれだけでいい。
愛だ。その存在を認めるのだ」

（天之御中主様）

これからどうなっていくのかも分からず、不安で、
「何で分かってくれないの？」と思っていた時に言われた言葉です。
それがわたしの「欲」なんだとハッとしました。

神様からの言葉㊼

「相手を変えようとしても無駄だ。
自分がどうあるかをまず大事にしなさい」
（天之御中主様）

相手を変えようとしても無駄なのは分かっているのだけど、つい言ってしまう自分を反省。

神様からの言葉㊽

「あなたは頑張りすぎている。もっと自分を愛しなさい」

（天之御中主様）

今まで頑張り続けてきたので、頑張ることがなぜいけないのかが、理解できませんでした。頑張ることが自分を愛していることだと、勘違いしていたのかもしれません。

神様からの言葉59

「何をじっとしている。行動しなさい。変わりたいのなら行動することだ。立ち止まるのではない」

（天之御中主様）

集中豪雨と台風が来てから、仕事のことで頭がいっぱいになり、コロナ禍なのに神様の言葉を伝えることが頭の中から消えていました。でも、こんなに考えていても、現実は何も変わらない。変わりたいと思いました。

神様からの言葉⑥⓪

「嫌なこと（傷つくこと）を言われた時こそ、ありがとうを伝えなさい」

（天之御中主様）

自分でも知っていたことだけど、改めて言われ再確認しました。
すぐに実践できることなのでぜひやってみてください。

神様からの言葉61

「人間はね、いろんな感情を学び、経験するために、
何度もこの地球に生まれてくるんだよ。
だから、あなたが今経験している感情も、
自分（魂）が成長するためなんだよ。
そして、悲しみは喜びを感じるために起こる。
辛さは嬉しさを学ぶためにある。
嫌だという思いは、良い思いを知るためにある。
全て経験、学びであり、全て感謝になるんだよ」

（猿田彦様）

突然出て来た猿田彦様が優しく話してくださいました。なるほどな、と思いました。
感謝、ありがとうの素晴しさを改めて感じた日でした。

神様からの言葉㉒

「暗闇はなんのためにあると思う？
暗闇は光を知るためにある。
誰かを変えようとしても変わらない。
それは、暗闇があるのと同じ。
自分を知るためだ」

（天之御中主様）

誰かを変えようとするのは、自分を知るため……。
自分をまず知り、受け入れる。深いです。

神様からの言葉㊸

「誰かに怒ってしまったあと何がのこる？
虚しさだったろう。その奥にあるものは何だと思う。
愛だ。
だからいろんな感情を知るために経験しているのだ。
間違いなどないのだよ。自分のやりたいことをやりなさい。
我慢したらダメ」

（天之御中主様）

言い過ぎてしまった自分を反省していた時に言われた言葉です。「我慢したらダメ」と言われても、我慢してしまう自分と葛藤中。

「コロナは、人間が地球や他の生命体、
虫、魚、草、動物などと共在できたら収まる。
人間がエゴを捨てたらどうなるか？
自分たちのエゴだけで行動すればどうなるか？
だから、人間次第なのだ。
愛を持ち光を照らしなさい」

（天之御中主様）

コロナがいつ落ち着くのか、友人に聞かれ神様が答えてくださいました。

「愛を持ち光を照らしなさい。」

の言葉が心に凄く刺さりました。

神様からの言葉㊺

「大丈夫だ。すべてはうまくいく。安心しなさい」

（天之御中主様）

わたしが考えすぎていると、必ず神様が言ってくれる言葉です。
みんな同じだと思います。
どんなかたちであれ、必ず全てはうまくいく。
それが、自分の望みであり、神様の願いだからだと思います。
ネガティブな感情を捨てて、信じてみてください。わたしも、この言葉を信じます。

神様からの言葉66

「嫌いと言われるのと、苦手と言われるのでは、受ける印象も変わる。言葉の大切さは、前も話しただろう。はっきりと伝えることは、悪いことではないが、相手を傷つけることもある。

日本語はすばらしい。同じ意味でも、相手を思いやる言葉が沢山あるではないか。言葉を選ぶようにしてみなさい。するると、周りがいつの間に変わる。それは直ぐにわかる。」

（天之御中主様）


言葉を変える。できるところからまず始めてみようと思います。

神様からの言葉⑰

「何故前に進まない。何を戸惑っている。
何でもできるではないか。
手もある。足もある。
言葉をしゃべれる。身体もある。
これ以上何を望む」

（天之御中主様）

そうですよね。神様は見えないし、存在がないから、何もできないんですよね。
わたしには、神様にないものがたくさんあります。
だから、神様の言葉を代わりにお伝えしようと思ったんです。
でも、どうすれば良いのか分からない……。

神様からの言葉㊳

「焦るな。なぜ焦る。もう少し落ち着いて周りを見なさい」

（天之御中主様）


家事や仕事が多すぎてイライラしてしまい、正しい判断ができなくなってしまっていた時に言われた言葉です。

焦ってはダメだと、分かっているけど泣きそうでした。

神様からの言葉があるから、今は、一呼吸置いて考えることができています。

神様からの言葉㊴

「皆が愛を忘れ過ぎている。
本来あった姿を忘れ、
あなたがたは皆、何をそんなに求めている？」
（天之御中主様）

コロナ禍でどこを見ても暗いニュースばかりで、周りを見ても皆マスク姿。
笑っているのか怒っているのかも分からない中で、少し暗い気持ちになっていた時、
言われた言葉です。わたしたちは一体何を求めているのか……。
考えさせられた日でした。

神様からの言葉⑦⓪

「魂の声を聞いてみなさい。何をすれば自分の心が倖せか、皆分かっているはずだ。人間は考えることができる。行動できる。話すこともできる」

（天之御中主様）

自分が何をすれば倖せなのかが分からないので、悩んでいるのだと思っていました。やりたくないことをやらないという選択からやってみようと思いました。

神様からの言葉⑪

「何故人は、辛い、苦しいを経験すると思う？
それは、その先にある、
嬉しい、楽しいを深く知るためだ。
後に何が残ると思う？
それは愛だ。感謝だ」

（天之御中主様）

こうやって毎日色々な話をしていますが、神様が伝えたいことは、最後はいつも「愛」に辿り着きます。
それも、いつも話しているので、もういい加減分かっています。
みんなに気づいてもらいたいのは、きっと最終的に「愛」なんです。

神様に教わった治療法「独自の応用編」

頭（首から上）が重く痛いと言う繁盛店のイタリアンシェフの場合

神様がアドバイスをして下さいました。

①姿勢が悪いから姿勢を良くしなさい。
②右腕の疲れがある。それも原因だ。
③食材に感謝を忘れてはダメだ。
④首の付け根、肩をあたためる（蒸しタオル）。
それだけで、スッキリするだろう。
↓よくなったと連絡がきました。

頭が痛いと言っていた高2の息子

手を当て気を流しました。

↓普段は幽霊の存在も認めず、目に見えない物も全く信じていない彼に、勝手に手当てをしたら、動けるようになり、良くなったと話していました。

そして後日、「おかぁが、手当てしてくれたら、頭が痛いのが良くなったんよ。すげくね」と友人に話していたのを聞いて、本当にビックリしました。

息子からは、絶対に怪しがられていると思っていたので、友だちに話していたことが、本当に衝撃的でした。

顔色が悪く、なんだか最近体調が悪いと言っていた主人の友人の場合

まだ自分に自信がなかったのですが一度身体全体を視て、悪いところを探してみたかったので、どこが悪いか聞かず、視てみました。

少し視ていると赤く光る場所が左腹部にあったので、エネルギーを送り治療してみました。

↓「治療中すごく心臓がドクドクしていて、止めてくださいと言おうと思った瞬間、治療が終わり、いきなり痛みが消えた」と、すごく驚いていました。

その後、「身体がすこぶる調子が良いです」と感謝の報告がありました。

わたしもビックリしています。

腱鞘炎になった従業員

独学で学んだレイキ治療をしてみました。

↓3ヶ月間も痛かったのに、1回5分くらいの治療後すっかり痛みがとれました。

わたしがレイキ治療の話をしていなかったので、まさかそんな簡単に痛みが消えるとは思ってなかったらしく、早く話せば良かったと言っていました。

熱があった9才の息子

手を当てて気を流しました。1時間くらい時間をかけてやりました。

↓すごく汗をかき随分と楽になった様子で顔色も良くなり、その後、寝たら熱が下がっていました。

コラム 「主人の守護天使は大天使ミカエル様!?」

主人の運転で車に乗っていた時のことです。

天気も良く、暖かい日でした。

この頃、わたしは毎日主人に、わたしが神様と話していた内容を伝えていました。

わたしは主人と話をしていて、

「なんでこの人は何度話をしても、わたしのことを分かってくれないのだろう？」

と心の中で思っていました。

でも、そんなことお構いなしに、主人はわたしに、

「神様に、俺についている天使のこと聞いてみて」

と言ってきました。

すると突然、凄く大きな白い天使が頭の中に現れ、

「わたしはミカエル」

「あなたのご主人の守護をしています」と話されました。

今まで見ていた天使は、３センチくらいの小さなキラキラ光る子でしたが、
ミカエル様は、

「えー！　でかっ！」

と思うくらい、巨大でした。

最初から名前を教えてくれたのはミカエル様がはじめてでした。


ミカエル様は話を続けました。

「あなたは、毎日どんな気持ちで行動してますか？

『してあげている』

『させて頂きます』

毎日の過ごし方、捉え方次第で、人生の価値観が少しずつ変わります」


と言って消えていきました。

わたしは「そうだよな。わたしの捉え方次第だよな」と思いました。

以前、神様はわたしに、「あなたのご主人は、宇宙人が何か伝えたいことがあると言っているのに聞こうとしていない」

と何度も言っていました。

そのことは主人にも伝えていましたが、主人は、
「え？　でも分からないし、聞こえない」と戸惑いながら言っていました。
「聞こえるようになりたい」とも言っていました。
ミカエル様が消えた後、
「だから、ミカエルに伝えるように言った」
と、神様が話しかけて来ました。
主人に伝えると、
「俺の守護天使ミカエル様なん？　マジ？
めっちゃ凄くない？？？」
と喜んでました。わたしは、
「そうらしいよ。いいなぁ～」
と話しました。

第3章

あれっ？質問したら答えてくれる!?神様とのやりとり

いつもは突然聞こえていた神様からの言葉でしたが、この頃から悩みごとについて考えていたら、会話ができるようになっていることに気づきました。神様が益々近く感じられるようになりました。そんな神様と私の会話をこの章でご紹介します。

神様とのやりとり①

「自分をもっと愛しなさい」

以前、聞いた言葉が妙に気になり、再度尋ねてみました。

わたし「以前神様は、分別していると話されましたが、生と死という分け方ではないのですか？2分化するということではないのですか？」

天之御中主様「そうは言ってない。それぞれが選んだ道に進むということだ。良いも悪いもない」

わたし「別々の道に進むのですか？」

天之御中主様「そうだ。恐れるのではない。自分が決めた道なのだ」

わたし「家族でも？」

天之御中主様「そうだ。自分を信じ愛しなさい。あなたは優しい。だから色々なことに惑わされてしまう。自分を信じなさい」

わたし「信じているつもりです」

天之御中主様「自分をもっと愛しなさい」

「自分をもっと愛しなさい」と言われ、よく分からなかったので、

わたし「天之御中主様の言う愛ってなんですか？」

と聞いてみました。するといつもの声で、

天之御中主様「思いやるということだ　自分を思いやり、相手を思いやる。

あなたがた日本人にはその心が多くある。
行動を見てみなさい。
ソーシャルディスタンスと言われれば、まず相手を思い、その通りにする。
マスクと言えばその通りにマスクをする。
それは相手を思うからだ。
良いも悪いもない。
マスクをしない人もソーシャルディスタンスを違うと言う人も、
それも愛だ。相手を思うからだ」

それについて、少し疑問に思ったわたしは、

わたし「他の国の方にはないのですか?」と聞いてみました。

天之御中主様「ないとは言ってない。皆それぞれに愛はある。そこに良いも悪いもない」

「自分をもっと愛しなさい」分かっているけどわたしには深くて、難しい……。

神様とのやりとり②

「良いも悪いもない」

わたし　「マスコミの言ってることが正しいとは思えません」

天之御中主様　「良いも悪いもない。ただそれぞれの道に進むだけ」

神様とのやりとり③

「お酒を飲むことは悪いことではない」

毎日葛藤していたので気分を変えたくて友人に会いに行きました。
そこでも、神様の話を勿論しました。
神様に興味を持った友人から、
「お酒を飲むことについて聞いてみて」と言われたので神様に聞いてみました。

わたし「お酒を飲むことは悪いことなのですか？」

天之御中主様「お酒を飲むことは悪いことではない。
現に、祝いの席でも酒を飲むだろう。あれは何故か分かるか？
楽しむためだ。笑い合うことができる。祝いは素晴らしい。

ＳＥＸも同じだ。本能なのだ。悪いことではない。愛だ。
わたしが与えた」

何故、神様は、わたしと話をしてくださるのか、お酒の勢いで聞いてみました。

わたし「何故いつもわたしと話して下さるのですか？　他にも人は沢山います。何故わたしなのですか？」

天之御中主様「あなたは素直で面白いからだ」

と言われました。

素直か。確かにそうだと思う。だけど面白いって神様失礼だな、と思いました。
隣にいた主人に伝えると、「それは納得」と言っていました。

神様とのやりとり④

「あなたと他人は違う」

ある日、主人から「お前は何もやってない」といきなり言われ、何のことなのかも分からず、何故そんなことを言われないといけないのかも理解できずショックでした。

私はこんなに頑張ってるのに！　どうして「何もやってない」って言われなきゃいけないの？　一番理解して欲しい人に言われて悲しすぎました。

後日、主人にネギハウスの草刈り機の話をしました。

草が多くてネギがかわいそうだから草をどうにかしたくて……。

主人に草刈りをお願いしたけど、何度お願いしてもやってくれないので、わたしが草を刈った方が早いと思い、使ったこともない草刈り機の扱い方の説明をお願いしました。

そしたら主人から「お前は何がしたいんだ？」と言われました。

そこで神様に気づかせていただきました。

天之御中主様「人は違う。あなたと他人は違う」

私は葱農家だから仕事が大切だけど、主人は社長だからお客様との時間もすごく大切で、その優先順位の違いが理解できず、その違いの大きさがわたしたち夫婦のひずみなんだと思いました。

だから、私が一生懸命やっていることも、主人には何もしてないように見えるんだ。

2人の視点の違いから起こるイライラなのだとなんとなく分かりました。


天之御中主様「そうだ。他人と自分は違うんだよ。

あなたは、あなたのままでいい。良いも悪いもない。

楽しみなさい。笑いなさい」

神様とのやりとり⑤

「子どもを信じなさい、そして自分を信じなさい」

何があったのかはっきり言わない子どもに対し、
「ちゃんと言わないと分からないでしょ！」と、ついイライラして、
自分の感情を出して言ってしまいました。
子どもは悩んでいたのに、自分の感情だけで大きな声を出して、子どもを畏縮させてしまいました。

天之御中主様　「子どもを信じなさい。そして自分を信じるのです」

わたし　「息子が大人が怖いと言ってました」

天之御中主様　「それを認めなさい。そして愛しなさい」

わたし「怖かったんだよね。大丈夫だよ、あなたにはわたしがついてる。だから安心して。怒ってごめんね」

天之御中主様「それでいい。大丈夫だ。子どもを信じなさい。そして自分を信じなさい」

「本当にごめんね」と思い、反省した日でした。

神様とのやりとり⑥

「真実はあなたが知っている」

神様と約束したので、直接お会いした方には神様の声をお伝えし、ＳＮＳやメルマガで「神言葉」として発信するようにしました。

ある日、神様の言われた分別の話をした時のことです。

ある方から「そんなわけない」と否定されてしまいました。

それで、「やっぱり私にはできないのかも」とかなり落ち込んでいた時、神様に言われました。

天之御中主様「なぜあの時、言わなかった。違うと」

わたし「私は否定したくない。誰も間違ってないと言ったのは神様です」

天之御中主様「それは否定ではない。お伝えしなさい。真実はあなたが知っている」

わたし「分かりました。でも、難しいです」

どうお伝えすれば、神様のことを信じてくれるのか分からなくなりました。「そんなわけない」と言われたことも、否定したくなかったです。これからも必ず理解されないようなことは何度も起こると思います。分かる人には伝わり、分からない人には、やっぱり伝わらないと思います。でも、少しでも多くの方にこの神様の言葉を伝えなければと思いました。

天之御中主様「かつて地球は豊かな星であった。**
皆平穏に暮らしていた。
しかし、人間は変わった。
人間の思考の中に利己主義な考えが生まれ、争いが起こった。
以前も話したが、虫たちの声を聞かなくなった。
今地球は変わろうとしている。

思い出して欲しい。あなたがたの心にあるものを。
何に怯えている。本当の愛に目醒めるのだ。
そうすれば必ず変わる。
それができるのが日本人なのだ。
そして、世界が目醒める。
あなたにはその力がある。
大丈夫だ。私はいつも一緒だ。
泣かなくていい」

神様とのやりとり⑦

「今起こっていることをちゃんと見るんだ」

原爆記念日のことです。かつて広島に原爆が落とされたこの日、このまま日本、地球はどうなるのだろう？　と思い質問しました。

わたし「この国を、地球を救えるのですか？」

天之御中主様「救える。だが、このままでは無理だ。醜い。皆が目醒めなければ。あなたが見たことが現実となる」

目醒めるとは、今起こっていることにしっかりと目を向け、真実を見て、惑わされないようにすること。

そして、動植物の声に耳を傾け、何をしなければいけないか気付くことです。
わたしはこの時改めて、皆に気づいて欲しいと思いました。

天之御中主様「真実が明らかになるのはもうすぐだ。
人間はパニックになるだろう。その時落ち着いて考えることだ。
ちゃんと見るんだ」

神様とのやりとり⑧

「真実に目を向けなさい」

天之御中主様「何故あなたがたは真実を知ろうとしない。
なぜ目を背けるのだ。
虫たちの声を聞いてみなさい」

わたし「虫と話すのですか？　どうやって？」と思いました。
どうやって話すのか全くわからなかったのですが、そのときたまたま車の運転をしていて、踏切で止まっている時、目の前にたくさんのトンボがいたので心の中でテレパシー？　のような感じで話しかけてみました。

トンボ1「なんで人間は私たちの住んでるところを壊すの？」
トンボ2「もう止めて、私たちの住んでるところを壊さないで」
トンボ3「一緒に住んだらいいのに、何でできないの？」
トンボ4「なんで全部壊すの？　壊すから、嫌になるんだよ。だから怒りが大きくなって強くなるの。なんで分からないの？」
トンボ5「なんで殺すの？　だから怒るんだよ。何で分からないの？ぼくたちは一緒に住みたいと思ってるんだよ」
トンボ6「分かってよ」

わたし「本当にごめんなさい……」

心からそう思い、涙が溢れました。

小さい頃、トンボが指に止まり、噛みつかれ痛かったので、手を思い切り振ると、ポロッと頭が取れたこと、糸トンボが可愛くて捕まえて虫かごに入れていたことも思い出しました。
その時までわたしは、トンボの気持ちなんて考えたこともありませんでした。

トンボ「**ウィルスだって同じだよ。なんで分かんないの？**

殺すから、もっと強くなるんだよ。ぼくたちだって生きたいんだよ。

なんで一緒に生きられないの？

一緒に生きたら悪さしないよ。本当だよ。

だって仲良くいたいんだよ」


トンボがウィルスの話をしてくれました。

これは神様が言っていた共に生きることだと思います。

わたしたちが殺そうとするから、虫はそれより強くなろうとして凶暴になる。

農薬と全く同じです。虫がすぐに農薬に対する抵抗力を付けるから人間はどんどん強い農薬をまく。

人間まで身体に被害が出るほどの農薬を。それが、正しいのでしょうか？

もし、みんなで思いやり、分かち合うことができたら、きっと虫もウィルスも分け隔てなく、
共に生きることができるとわたしは思います。

天之御中主様「誰も悪くない。みんな考えてる。何故それを認めない。
なぜ、受け入れようとしない」

と神様が続けて話されました。

確かに誰も悪くないと思いました。ただ、自分たちの食料を確保するために、農薬をまいているだけ。綺麗な野菜でなければお客様は買ってくれない。だから、農家は、綺麗に育てなければいけなくなる。

全て人間がしてきた仕方のないことなんだ。

天之御中主様「これを多くの人に伝えなさい。あなたならできる」

神様とのやりとり⑨

「もう1人の父」

ある日、真っ白い髭の長いおじいさんが現れました。

わたし「あなたは　誰ですか？」

真っ白い髭の長いおじいさん（ゼウス）「わたしは　あなたの父　ゼウスだ」

わたし「えー!!　わたしの父は弦本正智《つるもとまさとも》だけど！」

しかもゼウスって誰だ？　と頭が真っ白になりました。
そのゼウス様と話しをしていた時のことです。

ゼウス様「あなたに足りないものをあげよう」

そう言って、**白い球**をくださいました。

わたし「ありがとうございます」と言って受け取りました。

わたし「これは何ですか?」と聞くと、

ゼウス様「あなたに足りないもの、それは**勇気だ**」と話されました。

ゼウスという名前を聞いた後、その存在を知らなかったわたしは、すぐに携帯で「ゼウス」を調べてみました。

すると、さっき話していた方と全く同じ顔のイラストがあったので、本当にビックリしました。

更に、「ゼウス様」について調べていたら、ギリシャ神話の神様で、木星(ジュピター)の神だということが分かりました。

その「木星」の持つ意味を調べると、〝**勇気**〟だったのです!

これも本当にビックリしました。
２０２０年８月８日は、突然わたしに２人目の父が現れた日になりました。
「わたしの父、ゼウス父さん」です。

この時から、星空を見ると、ゼウス父さんが毎日見守ってくれているような気がしています。

神様とのやりとり⑩

「感謝してみなさい。全てうまくいく」

久しぶりに友だちの家に行った時のことです。

友人家族の色々な悩みを聞きました。

その時、全て聞いていて分かったことは「みんな、ただ愛されたい」ということでした。

考え方の違いで起こるすれ違いでの悩みです。

本当はみんな大好きで、なのにちょっとした言葉の捉え方の違いで喧嘩になり、なかなか素直になれていない友人たちを見て、自分を振り返り、もう少し相手を思いやった伝え方で、何故そう思うのかをきちんと話して、もう少し素直になろう。必ずその先には愛があると気づかされた日でした。

友人の家族に触れ、お互いを理解しようとしているのにできないもどかしい喧嘩を見ていて、家族皆が分かり合おとしていることが凄く伝わってきたので、わたしの主人も、少しはこの家族のような気持ちを理解してくれたら良いのにと、自分の欲が出てきました。

その家族の温かさを少し羨ましく思っていた時、神様から言われました。

天之御中主様「なぜ人を羨む。
人と自分は違うんだ。
なぜ自分を愛さない。
感謝してみなさい、全てうまくいく。
それが私（＝神）の望みだ」

神様とのやりとり⑪

「成長の段階」

夕飯の時、子どもたちと話していて、疑問が浮かんだので聞いてみました。

わたし「温暖化が進むのですか？　氷河期が来るのですか？」

天之御中主様「知りたいか？」

そう言われると、なんとなく知りたくなくなり、聞くのを止めました。

わたし「私は別に……。全て人間がやってしまったこと。ちゃんと向き合わなければきっとどちらかはやって来る。

だから、どちらでも……。
それより大切なことは、今起こっている現象に目を向けるのではなく、その奥を見て感じることだと思います」

天之御中主様「成長したな」

わたし「ありがとうございます。私の発信で少しでも気づいてくれる方が増えると嬉しいです。皆、目をそむけすぎた罰です。神様と話した最初の日にわたしは受け入れていました。いつの日か、人間が気づき共存できれば、きっと地球はまた元に戻り、愛があふれると思います」

神様とのやりとり⑫

「すべて丁度良い」

神様から最初に見せられた映像の中に、虫たちが全ての食料を食べ尽くす場面がありました。場面が変わりスーパーの食料品の棚は空っぽになっていて、道路ではお腹をすかせた人たちが暴動を起こし、血だらけの人が道を歩き、食料を求めて人々が争いを起こしていました。世界中でです。

その虫の声が聞こえました。

「人間が自分たちを殺すから、仕返しただけ。
一匹では人間には絶対に勝てない、でも虫だって集まれば人間に勝てるんだ！」

怖すぎて目を覆う思いでした。

その後も神様と何度となく、「食糧危機」になるという話をしたことがありました。

食糧危機を予言している方が、野草が食糧危機を救うことになると言っていました。

丁度そのころ、ネギの圃場《ほじょう》に凄く草が生えていたので、とても困っていました。

「このハウスに生えている草を食べることができるの？」

「でも、これを食べればもし食糧危機になっても、生きていけるかも」

と思い、とりあえずハウスの草をすぐに食べてみました。


「以外と食べれる！」

そこで、神様に聞いてみました。

わたし「人間は、草を食べるようになるのですか？」

天之御中主様「知識として持っておき、草について学ぶことは良いことだ。

なぜそこに草があるか考えてみなさい。そこに必要だからだ。

草原には草がいっぱい生えているが、生えすぎているところを見たことがあるか？」

わたし「ありません」

天之御中主様「全て丁度良い、必要ないものなどない。人間が植えたものは別だ。それは、自然ではない。だから、その土地に生きているものは、その土地に馴染む。全てが丁度良いんだ」

わたし「そうなんですね」

わたしはこの日、雑草が雑草ではないことを知り、草にも名前があり、ちゃんと生きていて、そのことに意味があるんだと感じました。

神様とのやりとり⑬

「巨大台風の先に」

いつものように家の神棚に向かって祝詞を奏上していたとき、赤い目の白蛇が突然現れ、それが白龍になって出てきました。いきなり出てきたので驚きました。

白龍「あなたがたは大丈夫だから安心しなさい。私たちがいる」

と話され、消えました。

みんな色々な神様から見守られているんだな、と改めて感じました。

しかし、それから間もなく九州に巨大な台風が来ました。今までにない大きさの台風に驚き、とても怖かったです。

動画配信

PICK UP

NEO みろくスクール【第１回】

みろくの世のリーダーを育成する
宇宙で唯一の学校

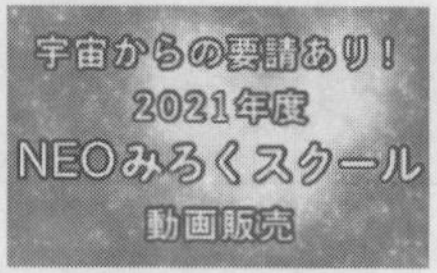
宇宙からの要請あり！
2021年度
NEOみろくスクール
動画販売

2020年に大反響を呼んだ、魂エネルギーの次元を上げる「みろくスクール」が、「NEO みろくスクール」にパワーアップして2021年も開催！　その第１回目の講義が早くも動画配信開始です。「NEO みろくスクール」は、基本みろく四科目に加え、毎回新鮮でエキサイティングな科目を採用。第１回目の新授業は「NEO みろく英語」と「NEO みろく美術」。あなたのインターナショナル感覚とアート感覚を、みろくレベルに次元上昇させます。さぁ、ドクタードルフィン校長と共にみろくの世を牽引していきましょう！

出演：ドクタードルフィン 松久 正　価格：18,900円
収録時間：78分

PICK UP

坂の上零のルシファーシリーズ2020

表には出せないタブーに坂の上零が
メスを入れる！

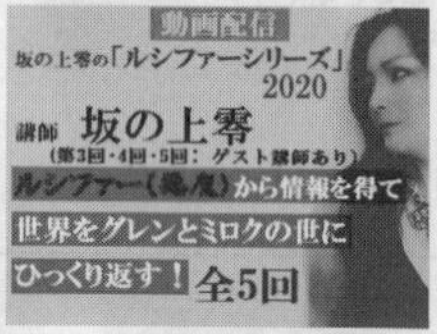
動画配信
坂の上零の「ルシファーシリーズ」
2020
講師 坂の上零
（第3回・4回・5回：ゲスト講師あり）
ルシファー（悪魔）から情報を得て
世界をグレンとミロクの世に
ひっくり返す！全5回

物事の本質に迫り「なぜ、そうするのか」のさらに奥にある深い部分にまで切り込む、人気セミナー「坂の上零のルシファーシリーズ2020」全５回が一挙動画配信。新型コロナウイルスの DNA ワクチンは“殺人兵器”と主張し物議を醸した福井県議会議員・斉藤新緑氏や、細胞再生治療の発明により命を狙われた波乱万丈な科学者・ミラクルパー氏など、豪華なゲスト陣も魅力の必聴セミナーです！

出演：坂の上 零、斉藤新緑（第３回）、ミラクルパー（第４回）、ドクターX（第４回）、高野誠鮮（第５回）、池田整治（第５回）
価格：［第１回～５回］各2,000円、［全５回セット］9,000円
収録時間：［第１回］214分、［第２回］189分、［第３回］200分、
［第４回］153分、［第５回］268分

動画配信

開発者直伝！ CMC 波動共振センサー講座

出演：元島栖二
価格：22,000円　収録時間：117分

「地球は平らだ！」
～フラットアース（地球平面説）入門～

出演：Rex Smith、中村浩三、Mauricio
価格：1,000円　収録時間：138分

「宇宙人、応答せよ！ 航空宇宙自衛隊」
竹本良氏による、宇宙人研究大総括祭り!!

出演：竹本 良
価格：2,000円　収録時間：135分

「不安」はお金の知識で解決できる！
坂の上零のファイナンス・アカデミー開講！

出演：坂の上 零
価格：［第１回～３回］各3,000円、［全３回セット］8,000円
収録時間：［第１回 新しい金融システム・マネーの本質］227分、
［第２回 オフショア金融センターの秘密］255分、［第３回 総集編］205分

ヒカルランド◆特別カレンダーセミナー2021◆

出演：秋山広宣
価格：9,000円　収録時間：228分　※視聴期限：2021年12月21日まで

感染者数に惑わされるな！
～PCR 検査のウソとからくり～

出演：井上正康、坂の上 零
価格：1,000円　収録時間：187分

セミナー

ZOOM配信有 ライトワーカーとして覚醒し、体・マインド・現実生活も次元上昇する！「宇宙連合＆ラー一族 最新アセンションヒーリング講座」全８回

講師：ラリア

日時：2021年７月25日(日)【第３回】／８月29日(日)【第４回】／
９月25日(土)【第５回】／10月23日(土)【第６回】／11月21日(日)【第７回】／
12月18日(土)【第８回】

時間：各回 開演 13：00　終了 17：30

料金：［会場参加］各25,000円（御守クリスタル付)、［ZOOM 参加］各23,000円

※５回目以降の参加は、１～４回目のセミナーをすべて受講している方に限ります。途中から５回目以降の参加をご希望の方は、復習用動画で１～４回目のセミナーを受講してください（復習用動画による受講は ZOOM 参加と同じ料金となります)。

※いずれもプラス1,500円で復習用動画が付きます。

※御守クリスタルは初回の会場参加時に１つ進呈します。

3rd シーズン アセンション☆強力ワーク 宇宙連合・龍神・ラー一族「音魂・龍のヒーリング＆チャネリング個人セッション」

講師：ラリア

日時：2021年７月28日(水)／７月30日(金)／８月１日(日)／９月１日(水)／
９月３日(金)／９月５日(日)／９月28日(火)／９月30日(木)／10月２日(土)／
10月26日(火)／10月28日(木)／10月30日(土)

時間：13：00～14：00／14：45～15：45／16：30～17：30の３枠

料金：各28,000円

※会場はイッテル珈琲（東京都新宿区神楽坂3-6-22 The Room４階）となります。

※2021年11月以降のスケジュールはヒカルランドパークホームページにてご確認ください。

Dr.Shu の５次元宇宙スーパーサイエンス

講師：五島秀一（Dr.Shu)

日時：2021年７月31日(土)【第２回】　開演 13：30　終了 16：30
2021年10月30日(土)【第３回】　開演 13：30　終了 16：30

料金：各15,000円

セミナー

「ハッピーチェンジの法則」出版記念 月ノ和・田井善登 公開セッション

講師：田井善登

日時：2021年８月28日(土)　開演 13：00　終了 16：00

料金：10,000円

※会場はイッテル珈琲（東京都新宿区神楽坂3-6-22 The Room４階）となります。

松果体を開き、覚醒に導く シリウス光次元情報による松果体覚醒ワーク

講師：龍依～Roy

日時：2021年９月４日(土)【第２回】　開演 13：00　終了 16：00
2021年11月６日(土)【第３回】　開演 13：00　終了 16：00

料金：各22,000円

ZOOM配信有 緊急開示！ 最新チャネル情報【特別セミナー】守護神からの超メッセージ 激動カオスはこうして乗り越えていく！

講師：まありん

日時：2021年９月18日(土)　開演 13：00　終了 16：00

料金：［会場参加］12,000円、［ZOOM 参加］10,000円

超プレミアム個人セッション オーラ活性とプラーナ管浄化ヒーリング付き

講師：まありん

日時：2021年９月19日(日)　11：00～18：00の間で５枠（お一人60分)
2021年９月20日(月・祝)　11：00～17：00の間で４枠（お一人60分)

料金：54,000円

※会場はイッテル珈琲（東京都新宿区神楽坂3-6-22 The Room４階）とな

動画配信

ヒカルランドの人気セミナーが動画でも続々と配信中！　スマホやパソコンで、お好きな時にゆっくりと動画を観ることができます。これまで参加できなかったセミナーも、この機会にぜひご視聴ください。

動画の視聴方法　特別なアプリのダウンロードや登録は不要！
ご購入後パスワードが届いたらすぐに視聴できます

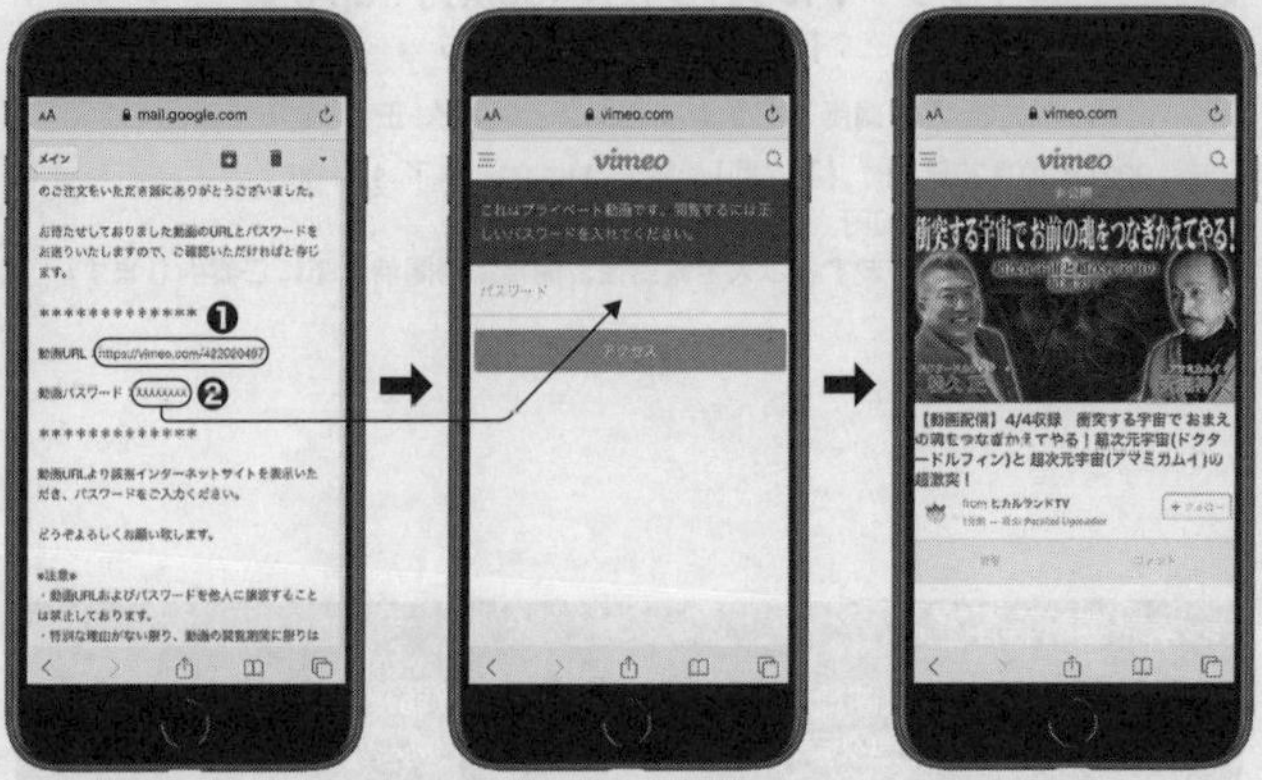

❶ヒカルランドパークから送られてきたメールの URL をタップ（クリック）します。

❷ vimeo（ヴィメオ）のサイトに移行したらパスワードを入力して「アクセス（送信）」をタップ（クリック）します。

❸すぐに動画を視聴できます。

動画配信の詳細はヒカルランドパーク「動画配信専用ページ」まで！
URL：http://hikarulandpark.jp/shopbrand/ct363

【動画配信についてのお問い合わせ】
メール：info@hikarulandpark.jp　電話：03-5225-2671

セミナー

ペルー伝統のたま祓い 個人セッション

講師：木村ジュリアナ

日時：2021年10月24日（日） 11：00〜18：00の間で6枠（お一人50分）
料金：13,000円
※会場はイッテル珈琲（東京都新宿区神楽坂3-6-22 The Room 4階）となります。

ZOOM配信有 ドクタードルフィン校長（88次元 Fa-A）の NEO みろくスクール

講師：ドクタードルフィン 松久 正

日時：2021年10月30日（土）【第3回】 開演 11：00 終了 12：00
料金：［会場参加］96,300円、［ZOOM 参加］36,900円
※会場は都内某所となります。ご入金確認後、開催1週間前までにご案内します。

ヒカルランドパーク
JR 飯田橋駅東口または地下鉄 B1出口（徒歩10分弱）
住所：東京都新宿区津久戸町3−11 飯田橋 TH1ビル 7F
電話：03−5225−2671（平日10時−17時）
メール：info@hikarulandpark.jp URL：http://hikarulandpark.jp/
＊会場は記載のあるものを除き、すべてヒカルランドパークとなります。
＊ZOOM 配信によるオンライン参加については、ヒカルランドパークホームページにてご確認ください。
＊ご入金後のキャンセルにつきましては、ご返金はいたしかねますので、予めご了承ください。

新型コロナウイルスによる情勢、その他事情により、各セミナーは延期や中止、または動画配信・オンライン参加のみに変更になる場合があります。予めご了承ください。最新の情報はヒカルランドパークホームページにてご確認いただくか、お電話にてお問い合わせください。

セミナー

PICK UP

ZOOM配信有

～【フラットアース】シリーズ3冊出版記念～
we are flatearthers!
フラットアースセミナー☆納涼演芸会

講師：Rex Smith
（レックス・スミス）

講師：中村浩三

講師：Mauricio
（マウリシオ）

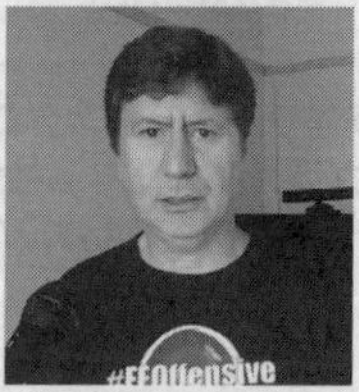

講師：Eddie Alencar
（エディ・アレンカ）

2021年8月刊行予定のシリーズ第3弾『【フラットアース】REAL FACTS』の出版を記念して、各シリーズの著者であり日本を代表するフラットアーサーたちが一挙集結！　第1部は熱い気持ちとクールな思考でフラットアースを語り、第2部は「フラットアース落語」や「フラットアース音頭」など、知的に楽しく盛り上げます。丸い地球は空想の世界⁉　地球の本当の形を確かめに来ませんか？　真夏のフラットアース祭り♪お楽しみに！

日時：2021年8月22日（日）　開演 13：00　終了 16：30
料金：［会場参加］5,000円、［ZOOM 参加］3,000円
※セミナー終了後にサイン会開催予定。

動画配信

飛鳥昭雄が「新型コロナウィルス」の
超ヤバイ世界秘密戦略の裏側を徹底暴露する！

出演：飛鳥昭雄

価格：10,000円　収録時間：187分

米国から生配信！
～メディアが伝えない米大統領選の真相２～

出演：吉野 愛

価格：2,000円　収録時間：73分

横河サラ・ディスクロージャーZOOM セミナーvol. 3
夜明けの合図・ＪＦＫジュニア、トランプサラ、世界最新情報

出演：横河サラ

価格：5,000円　収録時間：141分

横河サラ・ディスクロージャーZOOM セミナー
人類が迎える未知なる社会経済 ネサラ・ゲサラ・QFS
について１本筋の通った解説をします

出演：横河サラ

価格：5,000円　収録時間：147分

横河サラ・ディスクロージャーZOOM セミナー
トランプ or バイデン？ 米大統領選
驚愕の内部情報 第３の Time Line

出演：横河サラ

価格：5,000円　収録時間：132分

ドクタードルフィン校長 (88次元 Fa-A) の
オンライン学校講座 ―みろくスクール本編―

出演：ドクタードルフィン 松久 正

価格：［第１回～３回］各36,900円、［全３回セット］96,300円
収録時間：各約60分

テラヘルツ波健康ネックレス「ナチュレビューティー・リカバリーネックレス」

商品価格：各20,900円（税込）

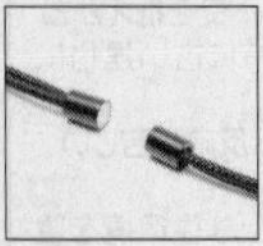

簡単なワンタッチ着脱。

大人気「ナチュレビューティーシリーズ」に、首回りのこり、肩こり、冷えや痛みのリリースに最適な「リカバリーネックレス」が登場。素材は、ホタテ貝の焼成パウダーに、炭から出るマイナスイオンと調湿力を混合した水溶液「エコタン水」と、パワースポットである宮崎県高千穂山系の石で遠赤外線を放射する「天照石」の粉末。これらを純シリコンに練り込み、組紐を形成。さらに「テラヘルツ」の効果を発揮する「テラウェーブ加工」を施しました。「テラヘルツ波」は透過性・浸透性が高く、波動が体内に伝わることで共鳴反応が起こり、体を活性化させます。首は、肩こりや背中のこりにも繋がる人体の重要なポイント。長時間着けていることができるネックレスタイプなので、日常生活に溶け込み、快適な動きをサポートします。

カラー：ブラック、シルバー／サイズ（組紐の長さ）：50㎝／素材：［TOP 部分］アルミニウム、［組紐部分］純シリコン、天照石粉末、エコタン水／男女兼用／テラウェーブ加工済／日本製

夢が叶うピラミッド

商品価格：通常版（シルバー）36,000円（税込）／ゴールド 48,000円（税込）

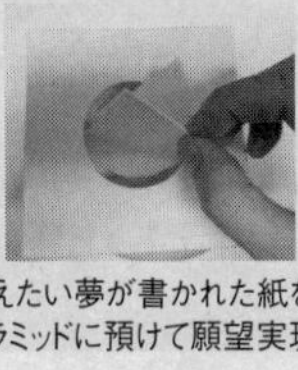

叶えたい夢が書かれた紙を、ピラミッドに預けて願望実現！

シリウスチャネラー・発明家の櫻井喜美夫さんが、シリウスから啓示を受けて作った、願望実現装置「夢が叶うピラミッド」。内部では物が腐りにくく、脳波が安定して瞑想に適するという、ピラミッド状の形が持つ特殊なエネルギーに着目しました。「夢が叶うピラミッド」は、天と地を繋ぐ媒体。内部に願いごとを書いた紙を預け、また自身でもその願いを声に出すことで願望を実現へと導きます。ピラミッドに預けた願いは、鮮度を保ち腐りにくく、スムーズに天へと繋がります。まさに願いが実現したような気分になって、このピラミッドをご活用ください。ひとつ叶える毎に願いをグレードアップさせていき、成功体験を重ねましょう！　よりエネルギーが調和した「ゴールド」も新登場です。

サイズ：約12㎝×12㎝×高さ８㎝／重量：約245g

マイクロ・ナノバブル 全自動洗濯機用 Wash AA

商品価格：9,900円（税込）

「洗身料 Corede（コレデ）」の開発者・平舘修さん太鼓判！　洗濯機に取り付けるだけで、洗濯の際にミクロの泡が繊維の隙間に入り込み、PM2.5や黄砂、花粉などの微粒子のほか、嫌な臭いの原因物質をも強力除去してくれる「全自動洗濯機用 Wash AA」。国内ほぼすべての洗濯機に対応し（※二槽式洗濯機は除く）、ご自宅で簡単に取り付けられます。体を守り、常に肌が触れている衣類は健康面においても重要です。繊維の中まで洗浄できるため、仕上がりはふっくら柔らか。臭いも解消し、除菌効果が期待できます。また洗濯物だけでなく、洗濯槽・排水管の汚れも軽減。交換不要で半永久的にお使いいただけます。より繊細な洗浄力で、ご自宅の洗濯機をパワーアップさせましょう！

サイズ：幅３㎝×奥行３㎝×高さ６㎝／重量：156g／材質：黄銅／千葉ものづくり認定製品、東京都中小企業振興公社販路開拓支援商品

シンセラミック

商品価格：4,400円（税込）

波動研究家の山梨浩利さんが開発した、水や油を改質する機能性セラミック「シンセラミック」。この「シンセラミック」で処理した水は、優れた「水和力」（なじむ力）、学習能力を持つ「生体水」へと質が変換されます。この水を日常的に取り入れることで、生体のバランスが整えられるようになるでしょう。コーヒーを淹れる際や、炊飯・お料理に。また、ペットや植物に与えるお水、お掃除や加湿器になど、幅広くお使いいただけます。料理の美味しさ、お肌や髪の調子、ペットの毛ヅヤや臭い、植物の健康などに貢献し、あらゆる生体の調子を整えて波動レベルがイキイキと高まるでしょう。

サイズ：直径約53mm／重量：約50g（ステンレスボールを含む）／原材料：機能性セラミック、ステンレス／使用方法：ご使用の前に「シンセラミック」を流水で軽く洗ってください。１Ｌの水に対して「シンセラミック」を１つ入れ、３時間ほど置いてからお使いください。※「シンセラミック」はステンレスボールから出さずにお使いください。

クリスタル岩塩パウダータイプ

商品価格：1kg 2,500円（税込）／250g 960円（税込）

『なぜ《塩と水》だけであらゆる病気が癒え、若返るのか!?』の著者・ユージェル・アイデミール氏も取り上げた、微細な光子（フォトン）によって結合した、古代海底地層の「クリスタル岩塩」。さらさらしたパウダータイプが登場し、より使いやすくなりました。「クリスタル岩塩」はミネラルが高い密度で結晶体となっていて、水に溶ける際にエネルギーが放出されるといいます。また、エネルギーを含む塩水を補給する「塩水療法」は体内環境を整える健康維持法として、古代より伝承されています。そこで、適度な水分と塩分補給を、手軽に、こまめに続けられる「塩水療法セット」もご用意。こちらも注目です。原産国：パキスタン

信楽焼イオンボトル、計量用ミニスプーンが付いた「塩水療法セット」商品価格：3,780円（税込)。ボトルのカラーは3種類から選べます！

ハイパフォーマンス水素カルシウムサプリ

商品価格：15,000円（税込）

ソマチッドの魔術師の異名を持ち、数々のユニークなソマチッド製品を世に送り出している、施術家・セラピストの勢能幸太郎氏が自信を持って発表したサプリメント。体内環境の最適化に欠かせない超微小生命体・ソマチッドと善玉カルシウムをたっぷりと含んだ北海道八雲町産「八雲の風化貝」に水素を吸蔵させたこのサプリは、溶存水素量最大1565ppb、酸化還元電位最大－588Vと高濃度の水素を長時間体内で発生し続け、細胞内のミトコンドリアでエネルギーを産生する水素が持つ働きをソマチッドが補完し、その相乗効果により効率的に体を元気にします。太古の叡智が詰まったソマチッド＋カルシウムと水素の共演による超パワーで、丈夫でイキイキ、若々しい体づくりをサポートします。

内容量：180粒／原材料：水素吸蔵カルシウム（国内製造)、パパイヤ抽出物、米麹粉末／貝カルシウム、ショ糖脂肪酸エステル／使用目安：１日６粒（朝晩３粒ずつ摂るのが理想的です）

CMC スタビライザー

商品価格：No.5（白・赤・空）各55,000円（税込）／No.10（ベージュ）99,000円（税込）／No.20（白・赤・黒）各165,000円（税込）／No.50（白・赤・黒）各385,000円（税込）／No.80（白・赤・黒）各572,000円（税込）

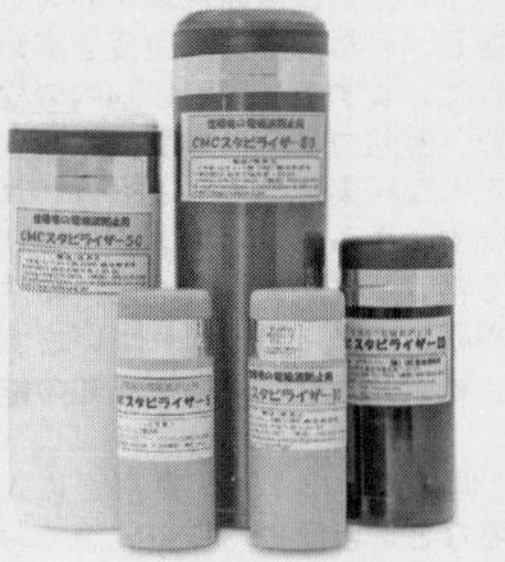

遺伝子（DNA）と同じ二重螺旋構造を持つヘリカル炭素・CMC（カーボンマイクロコイル）。人間の鼓動と同じリズムで回転しながら生命と親和し、生き物のように成長する CMC は、人工電磁波に対して誘導電流を発生させることで周囲をゼロ磁場化し、安全な波動へと変調させる能力を持ちます。こうした特別な性質を活かし、設置型５G 電磁波対策グッズとして開発されたのが「CMC スタビライザー」です。強力な５G 電磁波はもちろん、地磁気、ネガティブエネルギー、他人からの念や憑依といった霊的影響からも守り、ゼロ磁場の良い波動を周囲に拡げます。そして、脳をα波優位のリラックス状態に導き、体に蓄積された水銀などの重金属はデトックスされ免疫アップの期待も。さらに人の健康や長寿に影響を与える DNA の塊「テロメア」にも良い影響を与え、心身の健康・美容に計り知れない貢献をしてくれます。CMC の充填量や建物の面積などを参考に５種類の中からお選びいただき、CMC の螺旋パワーを毎日の安全・安心にお役立てください。

容器：SUS 製円筒容器／有効期限：半永久的

こんな環境にはぜひ設置を！

●パソコン、コピー機、無線 LAN などがある　●モーター、電子機器がある　●高圧送電線・携帯電話用アンテナ、柱上・路上トランス、太陽光または風力発電所がそばにある　●地磁気の低い土地にある　●静電気ストレスがある　● LED 照明を使用している

種類	色	サイズ	重量	CMC 充填量	有効範囲
No.5	白・赤・空	底直径4.5×高さ12cm（赤のみ底直径5.5×高さ14.5cm）	約80g（赤のみ約140g）	5g	半径約50m
No.10	ベージュ	底直径4.5×高さ12cm	約85g	10g	半径約75m
No.20	白・赤・黒	底直径5.5×高さ14～14.5cm	約180g	20g	半径約100m
No.50	白・赤・黒	底直径7.5×20cm	約350g	50g	半径約200m
No.80	白・赤・黒	底直径7.5×25cm	約440g	80g	半径約300m

11－1（イチイチのイチ）

商品価格：１箱２g（粉末）×30包　9,612円（税込）
３箱セット　27,000円（税込）

「11－１」は、東京大学薬学部が長野県の古民家にあった「ぬか床」から発見し、他の乳酸菌やブロッコリー、フコイダンよりはるかに高い免疫効果が測定されたという、新しい乳酸菌です。フリーズドライされた死菌状態で腸に届き、胃酸や温度の影響を受けず善玉菌の餌に。さらにグァー豆と酒粕を加え、腸内環境を最適なバランスへと整えます。普段の生活の中で弱りがちな「免疫力」を強化して、感染症の予防や肉体の老化予防に。

原材料：グァーガム酸素分解物、殺菌乳酸菌［デキストリン、乳酸菌（＃11－１株）］酒粕発酵物、食用乳清 Ca／お召し上がり方：１日１～３包を目安に、水に溶かすかそのままお召し上がりください。牛乳、ヨーグルト、ジュースや温かい飲み物、お料理に混ぜても働きは変わりません。／添加物不使用

11－１をご購入の際はヒカルランドパークまで、お電話ください。インターネットによる販売はお受けできませんので、ご了承ください。

ウイルスフリーX（Virus Free X）

商品価格：3,960円（税込）／50mℓ空ボトル１本付きセット 4,500円（税込）／150mℓ空ボトル１本付きセット 4,550円（税込）

今や生活に欠かせなくなった除菌剤ですが、「ウイルスフリーX」はアルコールなどによる肌荒れとは無縁。赤ちゃんのおしり拭きにも使用される、経済産業省公表新型コロナウイルス有効原料（第四級アンモニウム塩含有製剤／塩化ジアルキルジメチルアンモニウム含む）を使用し、安全かつ効果的な除菌を叶えます。普段使いなら６倍希釈で十分。それでも５分後にはウイルスを98.4%不活化します。１リットルあたり700円程度のコスパの良さも特筆すべきポイントです。

内容量：1000ml／成分：２－フェノキシエタノール、塩化ジアルキルジメチルアンモニウム／生産国：日本／使用方法：加湿器・マスク用には水1000mlに本剤10ml、手洗い・携帯ミスト用（手指・食卓・壁やカーテン、空気中の除菌・消臭）には水200mlに本剤30～50ml、緊急を要する消毒・洗浄には水200mlに本剤100ml

ナチュラルウォーターファンデーション

商品価格：5,280円（税込）

ヒカルランド女性スタッフ陣が太鼓判を押す「ナチュラルウォーターファンデーション」は、軽やかな着け心地と伸びの良さ、カバー力、崩れにくさを実現した、理想の水ファンデーション。電子で心身を活性化するセラミック「FTW」で濾過した水をベースに、肌や婦人科系トラブルへの効能を持つ「イタドリ」「柿の実」「ヨモギ」から抽出した、100%植物由来エキスを加えて作りました。オイルや防腐剤などを使用せず、ファンデーション特有の酸化臭もしません。どんな肌色にもフィットし、重ね塗りしても快適に過ごせます。ファンデーションの上から人気商品「FTWフィオーラ」を転がせば、「FTW」の周波数が肌に広がりより美しい仕上がりに！

内容量：25ml／成分：水、プロパンジオール、酸化チタン、ソルビトール、カオリン、1,2ーヘキサンジオール、硫酸Mg（アクリレーツ／アクリル酸エチルヘキシル）クロスポリマー、酸化鉄、カキ葉エキス、イタドリエキス、ヨモギエキス、エタノール、シリカ、ポリアクリル酸Na、水酸化Al

リセピュラ トリートメントエッセンス

商品価格：12,430円（税込）

予約は3か月待ち。「マッスルリセッティング」と名付けた独自の施術がメディアでも話題の黄烟輝（ファン・エンキ）先生が、たくさんの美容成分と生薬の配合を試行錯誤しながら、15年の歳月をかけて完成させたローション。お肌を美しく整え、施術を受けたように体を緩め、筋力や柔軟性の低下、痛みなどを和らげます。特筆すべきは「νG7（ニュージーセブン）量子水」をベースにしていること。螺旋・六角形というエネルギーを生み出す自然界の不思議なメカニズムを通して活水化された、酸化還元電位の低い水を用いたことで浸透力も高まり、マッサージの代わりにもなる類稀な化粧品となりました。

内容量：110ml／成分：水、グリセリン、加水分解ヒアルロン酸、シロキクラゲ多糖体、海水、水溶性プロテオグリカン、バチルス発酵物、カバアナタケエキス、他

リセピュラ トリートメントエッセンスをご購入の際はヒカルランドパークまで、お電話ください。インターネットによる販売はお受けできませんので、ご了承ください。

耳用ビューチャ

商品価格：6,000円（税込）

霊界との交流から氣功を学び、テラヘルツアーティストとして次々と波動グッズを手づくりで創作している、霊能者・氣功師の山寺雄二さん。テラヘルツ鉱石は遠赤外線を超える波長が体と共振し、自然治癒力や免疫を高める作用が知られていますが、同時に脳内の松果体を活性化し、直感力や霊性を高める働きもあります。そんな松果体にもっとも近い耳の中にアクセスできるのが「耳用ビューチャ」です。さらに羽根のように接続されているのは、大麻草の茎から作られた神聖な精麻。古来より続く伝統製法を守りながら職人が撚った希少な精麻は、浄化や祓いの力に大変優れています。集中力アップや電磁波対策、悪い氣からの解放、松果体活性化による未知の能力開発などにお役立てください。

サイズの一例：約11cm／重量の一例：約2g×2個／使用例：耳・鼻などに入れる。調子の悪いところにあてる、精麻を撫でるなどご自身の感覚や発想でお使いください。

メビウスオルゴンリストバンド

商品価格：15,400円（税込）

ヒカルランドオリジナルのロングセラー商品「オルゴンリストバンド」が進化！ 腕に装着し、蓄積した静電気やマイナスエネルギーをアーシング（放出）しつつ、宇宙のオルゴンエネルギーで心身をニュートラルに導きます。進化版は「メビウスリング」を内蔵。金、銀、銅、錫などを組み合わせたコイルを〝メビウスの輪〟の如く巻いた「無限のエネルギーが得られるリング」で、享受できるエネルギーもパワーアップしています。また、クリスタルパウダーを配合し除霊効果も付与！ 強い波動が出ているため、体調が悪い時や疲れた時に腕に装着するだけでなく、側に飾っておくだけでも効果があります。バッグなどで携帯し、心身のコンディションを整えましょう。

サイズ：［本体］53×32×15mm、［バンド］長さ260×幅15mm／重量：約30g／素材：［本体］ABS樹脂、［バンド］ナイロン／仕様：空中充放電式（コードレス）、マイクロオルゴンボックス、メビウスリング

※一部部品を輸入しているため、在庫状況によりお届けまでお時間がかかる場合がございます。

神様に何度もお願いしました。

わたし「どうか何事も無く過ぎ去りますように」

ですが、あまりにも巨大な台風に恐怖を感じ、ビニールハウスのビニールを剝ぎました。

そのままにしていると、強風でビニールが飛ばされて民家に被害を及ぼしたり、ビニールハウス自体が壊れる恐れがあるからです。

ネギが可哀想で凄く気になり、胸が張り裂ける思いでした。

7月の集中豪雨で葱が根腐れを起こし、成長が止まり、やっと元に戻って来ている矢先でした。

２０２０年２度目の被害でした。

辛すぎました。神様の声も何もかも受け入れることができずにいました。


一生懸命に生きていた葱が今度は台風で……。

待ってくださっているお客様が大勢います。

そのことも、申し訳なく辛かったです。

自然には逆らえないという人間の小ささ、自然と共存していくことの大切さを改めて学びました。

この時は、まさか自分が発した、

「わたしには時間がないから神様の言葉を皆様にお伝えすることなどできません」

という言葉で、

神様がわたしに時間を作ってくださっていたと考えることなどできませんでした。

毎日、いつ終わるかも分からないハウスの修理作業に追われ、倒れてしまった葱に目を向け可哀想で涙していました。

神様とのやりとり⑭

「竜巻と金のダルマ」

いつものように自宅で祝詞を奏上した後の瞑想中、イメージの中ですごく大きな竜巻が、この辺では見たこともないくらい（まるで海外のように）広い道路を通り、その大きさは考えられないくらい静かに何ごともなく過ぎ去り、突然、**金色のダルマ**が出てきました。

天之御中主様が「金のダルマの意味を調べなさい」と話されました。

今まで散々、色々と教えてくださったのに、なんでダルマは調べなければならないのか謎でした。

後で調べると、ダルマには「幸運や目的の達成を表し、いままでコツコツ積み上げてきた努力が報われる」という意味がありました。

神様とのやりとり⑮

「龍と光と剣」

天之御中主様「あなたはできる。何度も伝えてきた。何度もだ。大丈夫だ。**白蛇**、**白龍**、**鳳凰**、**光**、**剣**、**龍神**、見てきたではないか。愛だ。全てあなたのためにいる。全てだ。
あなたは声も聞いている。話もしている。すばらしいことだ」

わたしが瞑想しているとき出てきた**白蛇**と**白龍**、ふと見上げた空に出ていた**鳳凰**。

そして、以前神社で写真を撮ったときに写った**光**が素晴らしかったので、知人に見せた時のこと。

「祐呼ちゃん、神様からメッセージが降りてきていて、この写真に写っている**剣**をあなたは使うようになるみたいよ」と言われたことがありました。

その時は、「剣？　光？　何こと？」と思っていましたが、別の知人から、剣とは三種の神器の中にある物で、「**草薙剣**《くさなぎのつるぎ》」といい、そしてその剣の意味は〝**勇気**〟でした。

これを聞いたときも驚きました。わたしは、ゼウス父さんから「白い球」と「光の剣」の2回も〝**勇気**〟を頂いていたのです

そして、「**白蛇・白龍・鳳凰**」の表す意味も調べてみました。

白蛇は、幸運の象徴。

白龍は、潜在能力の象徴であり運気の上昇を意味する。

鳳凰は、飛躍的な急成長。


龍神様は、わたしが以前から感じていた、いつも守って下さっている存在です。

5年くらい前、わたしは疲れて車の運転をしていて、眠くなり意識が遠のきました。

その時、突然空から凄く怖い顔の、大きな黒龍が現れ、ドラゴンボールに出てくるスーパーシェンロンのような地響きするほど低い声で、

「おーきーろぉー!!」と言われました。

その時から、何かあると、龍神様が現れていたような気がします。

コラム「グレートコンジャンクションの浄化」

２０００年12月22日。グレートコンジャンクション。この日をわたしは待っていました。

※グレートコンジャンクションとは、木星と土星が20年ぶりに重なり、更に、２００年ぶりに「地の時代」から「風の時代」へとシフトする日。
今までの物質主義の時代から、精神主義の時代へと変化する日です。


この1週間程前、瀬織津姫から「浄化のボタンを押してほしい」と小さな箱形のボタンを見せられました。わたしは、その時は受け取らず、なぜかグレートコンジャンクションの日に押すのだと直感しました。

その日は、朝から浄化のため、主人と長女と友人で、これも直感で大分県中津市山国町にある天岩戸へ行きました。

わたしが想像していたより、かなり足元が悪く、川を渡り、川沿いを歩きながら獣道を草をかき分けながら進みました。

こんなに険しいと思っていなかったわたしと娘は、登山靴ではなかったので、湿った急な岩（後で写真で見たらそこは春になると滝になるようでした）は危険で、登ることができず、写真を撮って来てもらおうと、岩だらけの平らな場所で、みんなが帰ってくるのを待っていました。

30分くらい浄化の音楽を聴きながらその場で待ちましたが、だんだんと寒くなってきたので、寒さに耐えることができず車に戻りました。

車に戻ってからも、ずっとその浄化の音楽を流していました。綺麗な音色の波動の高い音楽です。

その時です。

私たち親子は、２人で生まれて初めての経験をしました。

娘も霊感体質で（なんならわたしより視えるようで、何度も同じ幽霊を見ています）、その娘と、車の中でみんなの帰りを待ち外を見たとき、２人で目を見合わせました。

わたし・娘「え？」

わたし「いるよね？　しかもスゴイ数のお化け」

娘「うっ……ん」

わたし「でも怖くないよね……」

娘「うん」

わたし「なんでかみんな同じ方向に歩いてるよね。めっちゃいっぱい。しかも動物もいるよね？」

娘「うん」

と天岩戸の方から町に向かって歩くもの凄い数の霊を見ました。

丁度その時、主人は天岩戸で天津祝詞を奏上していたらしく、凄い風と轟音がして、木が揺れ、天岩戸にゴーーっと風が吹き込んできて、天から素晴らしい光が降りて来たようです（見たかったです）。

みんな浄化されたのか、本当に凄い日だったのだろうと思いました。

わたしはあんなに沢山の霊を一度に見る日はこの先もう無いと思っています。

家に帰り、凄く疲れていたので、瀬織津姫との約束のボタンを押すのは、少し寝てからにしよう、と思っていたら、ありえないことに、22日を過ぎてしまってました。

わたし「本当にごめんなさい」

と、瀬織津姫に言いました。

そして、23日の深夜2時に瀬織津姫との約束のボタンを押しました。

22日が過ぎてしまったことを後悔していますが……。

これで、すべての霊の浄化が終わったと思います。

次の日から、しばらくの間、霊感体質の娘と私の目に霊が現れなくなりました。

神様とのやりとり⑯

「3人探し」

天之御中主様「これから、あなたの前に3人の人が現れるであろう。その人たちは、今後あなたの人生に大きく影響を及ぼし、共にすることとなる」

わたしは頭が真っ白になり、

「3人って誰だ?」

と主人に直ぐに伝えました。

この日から、わたしの3人探しがスタートしました。

ですが、この日以降、わたしにとって重大な人に多く出会っていて、どの方が「3人」に入るのかハッキリとは分かっていません。

神様とのやりとり⑰

「全てを受け入れる器」

天之御中主様「なぜ嫌なことをする人を嫌だと感じると思う？」

わたし「嫌だから……」

天之御中主様「自分の器を大きくしなさい。器を大きくするということは、全てを受け入れ許すということだ。わかるか？
そして、そのことに感謝しなさい。
その人たちは、気付きを与えるためにいる。全てあなたが学びたかったことだ」

主人あてに仕事の連絡があり、急いで伝えたくて電話したのに、何度コールしても返事がなく、

「なんでわたしの電話にだけ出ないの？　用があって電話してるんだよ！　分かってんの？」

とお客様を待たせていることに、イライラしていた時に、神様からかけられた言葉です。

この時私は「嫌だな」と感じていました。

けれども、それが何の気づきで、何の学びなのか分かりませんでした。

今振り返ると、これは自分の器の小ささを改めて感じられる出来事だと思います。

神様とのやりとり⑱

「愛はかけひきにあらず」

天之御中主様「自分が本当にやりたいことは何なのか。自分の心に問いなさい。人に振り回されるのではない。自分に問いなさい。
それぞれの道に進む。ただそれだけだ。
だから誰も間違えてなどいない」

わたしは、体調が悪くてもこれが誰かのためになるのなら、と思い行動していますが、そうではなく、自分のやりたいことをやりなさいと言う神様の言葉が理解できなくて質問しました。

わたし「なぜ自分を知ることをしないといけないのですか」

天之御中主様「知らないといけないのではない。**自分を知ることは自分を愛することと同じだ。自分を愛する近道だ。**

そして、自分の倖せへとつながる」

わたしは普段から、自分を殺してまで人のために行動することが、間違っているとは思えませんでした。

天之御中主様「人は皆、愛し愛されたい生き物だ」

わたしは人を愛することで、自分を愛してもらおうと思っていたのかもしれません。

ただ寂しかっただけなのかもしれません。

神様とのやりとり⑲
「伝えず導き出す」

わたし「なぜ神様はいつも大丈夫だと言うのですか？　普通、神様は的確に答えたり、ああしなさい、こうしなさい、と言うのではないのですか？　でもわたしの神様は決して言わない」

天之御中主様「あなたがそれを求めてないからだ。答えは自分の中にあるとあなたは知っている。だから、それを導き出しているのだ」

わたし「だから聞くのですね」

天之御中主様「そうだ」

神様とのやりとり⑳

「言葉は現実となる」

天之御中主様「言葉に気をつけなさい。もう分かっているだろう。
あなたが発した言葉が現実となる。
それなら、どんな言葉を使えば良いか分かるだろう。ちゃんと感じなさい」

これは主人に対してわたしが発した言葉について言われたことです。
分かっているだけに毎日反省。ごめんなさい。

天之御中主様「あなたの発する言葉でどれだけの人が救われるだろう。
あなたの発する言葉でどれだけの人が心を痛めるだろう。
あなたの言葉には強い力がある。分かるだろう？」

言葉の力は本当に凄いと思います。ありがとう。倖せ。嬉しい。楽しい。
聞いていて嬉しくなる、波動の高い言葉を使うようにしようと思いました。

神様とのやりとり㉑

「思考が自分も地球も救う」

天之御中主様「思考が最大の免疫となる。
少しでも恐怖や不安を考えるならそれが実現化する。
だから、どちらの世界も存在している。
不安を思う人は不安へと進み、明るい未来を見る人はその通りになる。
だから、あなたが以前見た世界は、どちらとも言えないのだ」

この頃から、神様が話されることが、**今までの断定的な言い方ではなく、思考により変化していくという言い方に変わってきました。**

わたしは恐れを信じたくないし、喜び、嬉しさ、倖せ、愛を忘れたくありません。

地球のことを考え、草や虫、鳥や動物、魚たちのことをみんなが思い地球に一緒に住んでいる仲間なんだと感じ、邪魔者にせず、共に生きていけたらと思います。

これからどんな困難が起きようとも、ちゃんと地球や地球に住む全ての生命の声に耳を傾けていけば、乗り越えることができる。

人は倖せになるために生まれてきたのだから、と思います。

神様とのやりとり㉒

「瀬織津姫」

朝、いつものように祝詞を奏上した後、
赤い着物を着た髪の長い綺麗なお姫様が突然現れ、

「せおりつひめ」

とわたしを呼びました。

そのお姫様が、わたしに向かって、

「わたしはあなたであなたはわたし」

と話されました。

この言葉に「えー!」と、ビックリしました。

２０１９年10月15日眞名井神社で「瀬織津姫」と呼ばれてから、初めて瀬織津姫の姿形を目にした瞬間でした。

この日は、この言葉だけ言って彼女はいなくなりました。

わたしにとって「瀬織津姫」は、眞名井神社で呼ばれて以来、ずっと気になっていた存在でした。

これから、このお姫様とどんな会話していくのかワクワクします。

神様とのやりとり㉓

「十分を捨てる」

わたし「私は愚痴が多いです。自分でも気づいていないくらい。自分が無意識に発していることが、他の人が聞くと愚痴に聞こえるんです。そんなつもりで言ってなくてただ素直に自分の思っていることを口に出しているだけです。それが愚痴になるみたいで、本当にストレスです。

でも、やっぱり人に嫌な思いをさせるのは好きではない。聞いている人が可哀想。人を疑うことも本当はしたくないです」

天之御中主様「そう思うならやめなさい。でも、それには育ってきた環境もある。小さい頃どう教わってきた？」

わたし「小さい頃、他人を傷つけたらだめ、と母から言われました。
先生に怒られないようにって思ってました。
小さいながらにストレスが凄くあったみたいです」

天之御中主様「人間はなんのために生まれてきたと思う」

わたし「人は倖せになるために生まれてきました」

天之御中主様「そうなら、どうする？　どんな姿が倖せだと思う？」

わたし「愚痴は言わない。いつも笑ってる。楽しいことをやっている。
仲間がいる。ストレスを溜めない。そして、お金も大切だと思います」

天之御中主様「そのためにはどうする？　まず、できることからやりなさい。
大丈夫。人は皆経験をしてるんだ。**

それは魂の成長だ。良いも悪いもない。

そして、その経験は大切な宝だ。だからできることから行動する。
階段を1歩1歩登るように。
それから、あなたがやっている〝瞑想〟は良いぞ。
自分が経験して十分だと思ったものを捨てる。それで終わりということだ。
もう十分なんだ。なぜそこにまた戻る？
それは捨ててないからだ。
嫌なら捨てなさい。
そう思ったことに感謝して。
人間は何のために生まれてきたか思い出しなさい。
こんなはずじゃ……と思うからそれが起こる。分かっているだろう」

わたし「はい」

天之御中主様「そう思わない行動をしていけばいい。言いたくないと思うなら言わなければいい」

わたし「でも言わなきゃストレスが溜まる」

天之御中主様「言ったらストレスが溜まらないのか？」

わたし「言っても溜まる……」

天之御中主様「それならどうしたらいい？

小さくて良いからできることをまずやってみなさい。きっと何かに気づく。

そうするとまた分かる。それが魂の成長だ」


これはわたしの人生で乗り越えたいテーマでもあります。

「あなたの思考が現実化するスピードは他の人より速いと気づいているだろう」

とも言われました。

全部分かっていることです。

とりあえず、前を向こうと気持ちを切り替えています。

神様とのやりとり㉔

「後悔しない行動」

クリスマスイブの夜、家族でクリスマスパーティーをしていたときです。
突然、声が聞こえました。

天之御中主様　「**全て失う**」

凄く楽しかったパーティーの最中、いきなり聞こえてきたのです。
動きが止まりました。
全ての思考回路がストップした瞬間です。

わたし　「え？　何？　誰？　神様？」

子どもたちが「ママ何かあった？」
と心配して話しかけてきました。

わたし「いや。なにも……」

わたしの心はもうズタボロでした。
ちびまる子ちゃんの落ち込んで頭の上に線がいっぱいある、
ズドーンとなってる顔をイメージして貰えるとピッタリな感じです。

30分後……。

とりあえず、気分を変えたくて子どもたちとお風呂に入っていました。
でも、テンションが低すぎて、また心配されました。

次男「ママ？　大丈夫？」

わたし「うん。ありがとう」

これが精一杯の返事でした。

お風呂からあがると、また神様の声が聞こえました。

天之御中主様「それはない。心配するな。**少し驚かせてみただけだ**」

わたし「**え？**」

唖然としました

天之御中主様「どう思った？」

わたし「どう思ったって……わたしのこと見てましたよね？？」

天之御中主様「もし、明日全てなくなるとしたら、あなたは自分の感情を無視した行動をするのか？」

わたし「しません！」

天之御中主様「後悔するだろう。できなかったと」

わたし「はい。勿論です。後悔だらけです！
でも、本当に怖かったです。泣きそうで、心はズタボロでした。
絶亡しました」

神様がわたしの背中を、力を込めて思い切り叩いたような日でした。
わたしにとって最強のクリスマスプレゼントだったのかもしれません。
（怖かったですが……）

コラム 「卑弥呼と登山」

ある日、「卑弥呼」が気になっていた長女と卑弥呼について話していました。

長女「卑弥呼のお墓ってどこにあると思う？」

わたし「分からないよ」

長女「ママ、神様に卑弥呼のこと聞いてみてよ」

わたし「分かった。聞いてみる」

早速、卑弥呼について神様に尋ねました。

わたし「卑弥呼はどこにいますか?」

神様「鹿児島」

わたし「ありがとうございます」

言われてすぐ、横にいた長女に卑弥呼が鹿児島にいるらしいと伝え、携帯で調べました。

すると、鹿児島に、なんと「卑弥呼神社」がありました。

長女「卑弥呼神社だって！　すご-!!!」と、声を出して言いました。

聞いたわたしもビックリしました。まさか、本当にそんなことがあるなんて！

それから、なんとなく卑弥呼が気になる日が続いていました。

その頃、友人から、「卑弥呼には大分県宇佐にお墓がある説もあるらしいよ」と聞きました。

ある日、何の気なしに、家族で、宇佐市にある宇佐神宮に行きました。

宇佐神宮の参拝中、脇道を入っていくと、山が見え、そこに鳥居と階段がありました。

普段なら全く行くこともない場所ですが、妙に気になり、何故かなんの根拠も無く、卑弥呼に繋がる感じがしたので、その山に行きたいと主人に話しました。


家族でその鳥居をめざし歩きました。

階段がきつくて大変でしたが、行ったことのない場所だったので、何が起こるかワクワクしていました。

初めて行った場所で凄く気持ちよかったのですが、期待外れで、神様は何も話してくださらなかったのです。

その数週間後、今度は別の友人から、

「通る度に気になる山があるんだけど、今度行かない?」

と言われました。

それがとても気になり、友人より先に、下見に、長女と行ってみました。

長女は駐車場に着くと、「気分が悪い」と言いだし車から降りることができませんでした。

わたしは、凄いエネルギーを感じたので、行ってみたくなり、強いエネルギーの感じる場所まで行ってみました。

そこには数個、人の高さほどの岩があり、その岩には何か字のようなものが書いてありました。そこで撮った写真には綺麗な光が差し込んでいました。

その日は娘もいたので、そのまま帰りましたが、どうしても気になり、後日主人と登山することにしました。

登山の日の朝、どんな山かも分からなかったのですが、お水を片手にその場所に行きました。

そこで、神様の声が聞こえました。

神様「ここはあなたの来る場所ではない。帰りなさい。行くと後悔することになる。この山に深入りするな」

わたし「行くなと言われると行きたくなるし、行ってみなきゃ分からないから、行きます！」と神様に伝えました。

神様「後悔するぞ。それでもいいのか？」と再度言われました。

わたし「はい！　大丈夫です！」と伝えました。

入り口にある岩を後にして、登山が始まりました。

登り始めた直後、

神様「静かにするんだ。騒ぐんじゃないぞ」

と言われ、まるでバリアを張られたような強いエネルギーに押されました。

わたし「はい」と伝え、一瞬立ち止まり凍り付きました。

でも、やると決めたら諦めたくなかったので、緊張しながらも登山を続けました。

登り始めて15分も経たずして、これはちょっとやばいやつかもと思いました。

なぜなら、木にロープが結ばれたアスレチックのような、足下の悪い場所が現れたのです。

そこは登山上級者が登るような場所でした。

想像もしてない光景に、「マジ？　わたしここ登るの？」と、一瞬にして帰りたくなりました。

わたし「神様の言ってることを信じれば良かった」

登り始めた20分後にはすでに大きく後悔していました。
そこから、落ち葉に滑り「嫌だぁー」と嘆き、崖を落ちそうになり「ぎゃーーーーーーー！」と叫び、主人がさっさと登るので、「もーーー！　待ってよーーーーー」と半泣きになり、うっかり落としたペットボトルが急な崖を凄い勢いで転がっていくのを見て、わたし、落ちたら死ぬかもと思いました。
あまりにも騒ぐわたしに、

神様「静かにしろと言ってるだろ」

と神様に再度怒られてしまいました。「ごめんなさい」と半泣きで謝りました。

1時間後、

わたし「もうここから帰りたい」と主人に話しましたが、

主人「後ろを見てみろ」と言われ、後ろを振り返りました。

断崖絶壁、道なき道、大雨と台風により、崖崩れが起こり、木が沢山折れ、崩れている山肌を見て、今まで登ってきた道のことを考えると帰ることすら怖くて、

わたし「登りたくない。でも、怖くて帰れない」とずっと泣き言を言ってました。

わたしは疲労でガクガクする足に、
「足さん、多分もう少しで頂上に着くはずだから、一緒にがんばろう」
と声をかけました。そのときは、もう嘆く声すら出ません。
わたしは、わたしの身体さんに感謝して、生きていることに感謝しました。
主人が横にいてくれることにも、感謝できました。日頃は全く思うことのない感情が心から湧き出ました。

わたし「あと何分で頂上までつくの?」と息を切らせて主人に聞きました。

主人「あと15分って書いてある」

最後の絶壁を見て、「ここを登るのか……」と絶望しました。

岩にしがみつき、疲れた足を手で持ち上げ、「足さんあと少しだよ」と声をかけ、ロープを握りしめ、「落ちないように、落ちないように」とドキドキしながら最後の絶壁を神様の声を思い出しながら、声も出さず静かに登りました。

「この頂上にはきっと何かある！！！」と期待に胸を膨らませ、最後の力を振り絞り登って行きました。

頂上と書かれた板があり、その周りには岩が丸く並んでいました。周りが草で覆われ、想像とはかけ離れ「え？　これだけ？」とちょっとだけ残念に思いました。

神様「だから来るなと言っただろ」

わたし「そうだったみたいです」と神様にお伝えしました。

わたしは、凄く疲れていたので、それ以上神様と会話することも無く、早くここから帰らなきゃと思いました。

そこから下山が始まりました。

まず、来た道を帰るのか、もう一つ違う道で帰るかを選択しなければなりませんでした。

主人「どっちに行く?」

わたし「どっちが楽?」

主人「初めて来た場所だし、分かる訳ないけど、こっちの方がちょっとだけ緩やかじゃない?」と来た道とは別の道を指しました。

わたし「それを信じる!」と来た道とは別の道を帰りました。

最初は緩やかに見えましたが、ものの3分でまたロープが現れました。

わたし「え? また?」と心が折れそうになりました。

ところが、帰りは登りと違い、要領を得ていたようで、意外とスイスイ降りることができました。

ですが、下山して10分後、いきなり風が強く吹き、気温が急に下がり寒くなりました。

そのとき、わたしたちの横を、黒い何かが飛んでいきました。

一体何だったのか分かりませんが……。

それからは、行きと同じような、台風と水害で壊れた山肌を横目に、湧き水が湧いていたであろう場所を通りながら、あの凄く険しい道のりを考えたら、怪我も無く下山できていること、今生きて帰れていることに、感謝しました。

下山後、いつも通りで当たり前の道路なのに「ここはどこだ？」というくらい綺麗な道路に見え、人間の作り上げた物の凄さを感じました。普通に平らな道を歩けることに、再び感謝しました。


まるで、浦島太郎になったような気分でした。


その直後わたしたち夫婦は、また酷い光景を目にしました。

道路脇に、空き缶やお弁当のゴミ、お酒の瓶、お菓子の袋、飲みかけのペットボトル、コンビニのおにぎりの袋が捨てられていたのです。しかも、色々な場所に大量に。

日頃車を運転していたら目に留まることのない風景ですが、あまりにも辛い登山を終えた後、目にしたこの風景に、人間のやってしまっていることが恥ずかしくなりました。

このゴミを、ここに住んでいる動物たちが何も知らず食べ、喉に詰まらせ、死んでいき、人間が作った道路で動物たちが住処を失い、人間が動物たちの住処を奪ったばっかりに、その動物たちは食料がなくなり、人間が作った野菜しか食べるものがなくて、畑を荒らしていることを考えて、心が痛くなりました。やっぱり、人間が悪いんだと、心から思いました。

でも、人間も生きていくために畑を作ること、それが必要だったんだ、とも思いました。

結局、卑弥呼についてここでは情報を得られなかったけれど、あたり前だと思っていた事への感謝の心、何気なく人間が取っている行動が、地球に与える影響の大きさを感じました。

この本を手に取った方にも、身近な光景から色んなことを感じて欲しいと思います。

神様とのやりとり㉕

「貧乏神は怒りを好む」

天之御中主様「我慢はよくない。あなたは我慢しすぎだ。
我慢するからストレスが溜まる。
なぜそんなに我慢する？
前も言ったが、伝え方さえ変えれば良いだけだ。
人を傷つけるのが怖いか？」

わたし「はい」

天之御中主様「大丈夫だ。日本語は本当にすごい。これを広めなさい。
何度も言うが、言葉には言霊が宿る。

そして、「日本語には思いやりのある言葉がたくさんある。
これは世界中どの国にも例を見ない」

わたし「はい。以前もお話されましたので覚えています」

天之御中主様「思いやりのある言葉だ。何故あなたに色々なことが起こると思う？
それは、あなたがそれを経験したいからだ。
嫌なら手放しなさい。何度も言ったはずだ。何故しない？」

わたし「自分では手放していると思ってます。
でもまた同じことが起こります。何故ですか？
いらないです。もう本当に十分です。
楽しい選択が以前よりできるようになっています。
でもよく元に戻ります」

天之御中主様「それはあなたが経験してきた分、時間がかかっているんだろう。

いつか無になっている自分に気付く日がくる。
見方を変えてごらん。
何故これが起こっているのか。何のために？
貧乏神はあなたの心の中だ。嫌なら、まずはいつも笑いなさい。
貧乏神はいつも怒ってばかりの人が好き。
あなたが忙しいと思うから忙しい現実ばかり起こる。
もう少し楽しみなさい。
頑張りすぎだ。人に頼りなさい。
それに気づけたらもう大丈夫だ。あなたは生まれ変わる」

神様とのやりとり㉖

「他人は自分の鏡」

わたしは父と母が大好きです。でも素直になれません。
本当は大好きと言いたい。話したいし、一緒にいたいし、頼りたいのに、
顔を合わせると、両親は、
「ちゃんとやってるのか？　子どもたちはどうだ？　学校は？」
親だから何歳になっても心配しているのも分かります。
ただ、信じて欲しいし認めて欲しいだけなのですが、
その質問を叱られていると捉えてしまうんです。
色々言われたくないから、会いたくない。

天之御中主様「もう何故か分かるだろ？」

わたし「はい。わたしたちが本当に心配で、可愛いから、
そして、困っている顔を見るのが可哀想だからと分かります。
だから、両親には心配をかけたくない。笑って欲しい。安心して欲しいと思います」

天之御中主様「それなら何故、倖せを、こうありたい自分を、想像しない。想像しなさい。

必ずそうなる。そして、言葉に気をつけなさい。

この経験で家族の大切さ、絆に気づいただろう。

全てに意味があるんだ。

もし、何もなければ気づくことはできなかった」


わたし「わたしの両親とわたしたち夫婦は、子育てにおいても全く考え方が違います。

父は良い学校を出て、良い就職先につき、良い人と出会い、良い結婚をして欲しいと願っています。

それに対し、わたしたち夫婦は今、有難いことに、個性心理學を学んで、個性がどれだけ大切かを知りました。

なので、子どもたちの意見を尊重します。勉強が嫌いな子どもに勉強しろと言ってする訳がないのを知っています。自分が子どもの頃ストレスだったことは今の子どもも同じで、それなら、自由に

させてあげたいと思うからです。

勉強が必要なら勉強するのも分かっています。

大きくなって後悔しないように、勉強させなきゃと心配するのも親となった今なら分かります。

でもそれも経験です。きちんと子どもと向き合い、話せば分かってくれると信じています。

形は違うけれど全て自分の子どもを愛しているからこその行動です」


そんな考え方の違いを分かっていても、悩んでしまうわたしに神様はゆっくりと話されました。


天之御中主様「仕事、子育てに対する考え方の違い、その辛い経験があったから、その奥にある愛に気づいた。

もう十分だと捨てなさい。

この前の、**白龍のしっぽ**のように切り捨てるのだ」


わたしはハッとしました。実は、２０２０年、思いを込めて育てている葱が、考えられない位の被害に遭いました。

わたしは父の後を継いで農業に入ってから、人間にはどうすることもできない自然災害にやり場のない不安と、従業員を守らなければという焦りでずっと悩んでいました。

人生で初めての経験でした。そのため、神様とのやり取りは、ほぼ仕事の話、子育ての話でした。

そんなある日、**凄く大きな白龍が夢に出てきました。**

空を悠々と飛んでいました。

その白龍の尻尾が突然、主人の前で切れました。

でも、白龍は何ごともなかったように大空を昇っていきました。

その夢が凄く気になって神様に話しました。その時、神様は、

天之御中主様「白龍はあなた方を応援していて、今ある執着が捨てられたのだ」と話されました。

その日、わたしの中で確かに何かの糸が切れました。

瞑想で、スパッと捨ててしまった感じです。

「もう大丈夫だ」と思えました。

天之御中主様「他人を許すことができる人は　他人から許される。

他人を認めることができる人は　他人から認められる。

人を愛することができる人は　人から愛される。

わかるか？　何度も言っているだろう。鏡なんだよ。

他人を悪く言う人は、自分も悪く言われている。

他人の嫌なところ、そこは自分の嫌なところだ。認めたくないんだ。

辛さを受け入れなさい。そうすればその先に明るい未来を感じることができるだろう。

あなたならできる」


この**鏡**という感覚は、何度も神様と話していたので分かっていました。

でも、わたしの中で、このときはまだ腑に落ちていませんでした。

神様が話されていることは理解できますが、頭では分かっていても、感覚として分からない日が続いていました。

神様とのやりとり㉗

「毎日、相手の良いところを1つ見つける」

主人と話していたとき、納得いかない話をされたので考えていたら、神様が答えて下さいました。

わたし「主人を理解できないことがあります」

天之御中主様「それは彼も同じだ。人の悪いところ、嫌なところばかり見て楽しいか？」

わたし「いえ楽しくないです」

天之御中主様「それなら良い所を見つけなさい。

そうしたらどうなると思う？
感謝が生まれるのだ。
良いところを言われた人はどう思う？　嬉しいだろう？
嫌なことを聞かされると嫌な気持ちになる。当然のことだ。
毎日1つで良いからその人の良いところを見つけ伝えなさい。
毎日続けてみなさい。全てが変わって見える」

わたし「はい。分かります。でも、難しいです。なんとか頑張ります」

他の人には神様の言ってることをそのままお話しします。言ってることは凄く分かるのですが、主人に対してはなかなかできない。以前より、思考は随分変わってきたのですが、行動はまだまだです。

毎日反省中。ありがとうございます。

神様とのやりとり㉘

「神様が本当に伝えたかったこと」

コロナ禍でお客様が、また最近減ってきているという飲食店経営者の友人に会ったとき、コロナがどうなるか神様に聞いてと言われ、神様に質問してみました。

わたし「コロナはこの先どうなるのですか？
わたしはもう皆の意識次第と思っています。
以前、神様に『このままでは人類は全滅する』と突然言われましたが、わたしはまだ全滅するとは思いたくないし、諦めたくないから、皆に気づいて欲しいです」

天之御中主様「**あなた方がするべきことは、決して、コロナウィルスを非難することではない。**
そして、社会を非難することではない。

なぜこれが起きているのか、地球が何と言っているか耳を傾け、
虫や草、動物たちが何と言っているのか聞き、人間として自然ときちんと向き合い、
嫌がるのでなく、それらと共に生きるんだ。
それができないのであれば、きっと地球は生きても、人類は皆滅亡する。
それが、全ての生命体の願いだ」

このことが神様が一番わたしたちに伝えたいことで、一番大事なことだと思います。

これができたら、地球は変わります。
人間も、動物も、虫も、鳥も、山も畑も、川も海も。
なぜか？　それは、私たち人間が考えたら分かること。
私たちが自分のために安い、簡単、便利で作り上げてきたもの。
例えば、食品添加物で溢れた食べ物、化学薬品を使った洗剤、
直ぐに良くなるからと思って飲んでいる薬、
移動に便利だからと思って乗っている車、
電車、飛行機、走るのに不便だからと山を削り切り開いてできた道路、
今住んでいる家、電気が使え、水道をひねると水が出ることまで、本当に便利で有難く、

これらを作ってくれた方々には感謝しかありませんが、
その結果地球がどうなったか。

今みんなが見直してみなければいけない時期になってきたのだと思います。
わたしは、〝偉い人〟がその内なんとかしてくれるだろう。とずっと思っていました。
わたしみたいな1人の人間がいくら言ったところで何も変わるわけがない。
それなら、別に言わなくても普通にいれたらいいや。
きっとみんなと同じ気持ちでいたと思います。

でもそれでは現状は何も変わらない。
良くなるわけもなく、ただどんどん悪くなって行くだけだと分かってます。
それが地球にとってどうであったのか。
わたしたちは便利で有難かったけど、そのため、山は崩れた。
海は汚くなった。川はゴミで溢れた。戦争で死ななくていい人が死んだ。
学校へ行きたくても行けない子ども。
悩んでいる子どもたちを横目に笑う人がいる。
それを見て見ぬふりをする大人。

大人も同じで、なぜ、お互いを認め合わないのか。
わたしは、それが正しいとは思えません。
神様との対話を通し色々な気づきがありました。それは今も続いています。
もし、この本を読んで少しでも多くの人が自分の行動を振り返ることができたら、
神様の言葉に、無くしかけていた勇気を貰える人が1人でも増えたら、
忘れていた何かに1人でも気づくことができたら、
それは本当に嬉しいことだと思います。
わたしは初めから神様にできない理由ばかり言っていました。
でもこの会話は人間にとって凄く大切なことだと分かっていました。
ただ、自分が発信することで、他の人にどう思われるだろう。
そんなのやっぱり面倒くさいと思い、行動に移せないでいました。
わたしの中にあるネガティブな感情に、いつも負けていました。
毎日、神様に助けて頂いているのにです。

神様とのやりとり㉙

「魂は望んだことだけをしている」

小学校の参観日のことです。

クラスで「イジメ」について話してました。

わたしが授業を見ていて、自分や子どもたちの経験とリンクして、価値観の違いに憤りを感じていました。

すると、神様が応えて下さいました。

わたし「なぜこんなにも色々な人がいるのだろう?」

天之御中主様「同じ人ばかりだとどう思う?」

わたし「気持ち悪いです」

天之御中主様「なぜ色々な人がいるか？　それは成長するためだ。いろんな人がいるからその考えの違いを知り、人は成長するんだ。自分とはまったく違う価値観に初めは嫌だと思うかもしれない押しつけとも感じることもあるだろう。心や体に傷をおうこともあるだろう」

わたし「それが嫌なんです。それをなくしたい」

天之御中主様「魂は自分が経験したことのないことを経験したいと思い生まれてくる。全て自分で選んでいるのだ」

わたし「部屋から出れない子たちもですか？
本当に何に頼っていいのか分からなくなっていると思います。
こんなの嫌だ、寂しい、早く抜け出したい、と思っていると思います。
自分でも分かってると思います。でもどうすることもできない。
そんな子どもたちを救ってあげたいです。

前を向いて乗り越えて欲しいです。
あなたは愛されてるんだよって、気づいて欲しいんです」

天之御中主様「それは難しい。何故なら、人の気持ちはそう変わらないんだ。
その子が自分で前を向く決心をしない限り、周りが言っても中々変化はないだろう」

わたし「神様はなんとかできないんですか？」

天之御中主様「それは、**その魂が望んでいることではない。**
だがどんな形にしろそれは終わる。
乗り越えられない壁などないんだ。
あなたが思っているほど人は弱くない。何のためにかを考えれば答えは見つかる。
感謝を忘れるんじゃない」

神様とのやりとり㉚

「自然の声を聞く」

わたし「ネギハウスの雑草は成長するのに、葱が成長しません」

天之御中主様「何故だと思う？　焦ってないか？
葱の声を聞きなさい。そうすればきっと答えてくれる。
草も葱も全てわかっているんだ。
人と同じだ。意思がある。
大丈夫だ。信じなさい」

わたし「葱の声を聞こうとしていますが、なかなかできません。
虫の声は聞こえたので、いつか話せるのではないかと思っているのですが」

天之御中主様「そう思うから聞こえないんだ。トンボと会話していた時を思い出しなさい。聞こえるはずがないと思ってないか？」

わたし「確かに。トンボは動いているから話せるような気がしますが、植物は、話せば答えてくれるけど、声が聞こえるとは思ってないかもしれません」

わたしはいまだに、植物の声は聞こえません。

神様とのやりとり㉛

「思うと現実になる」

わたし「母に頼りたいのに　頼ることができません。心配させたくないから」

天之御中主様「素直になりなさい。子どもを嫌いな親などいない。心配はいつだってする。愛だからだ。その表現の仕方が、皆違うんだ。それを素直に受け取りなさい」

わたし「わたしも親になり、親の気持ちも分かっているのですが心配させたくないです」

天之御中主様「あなたがそう思うからそうなる。分かるか？　自分を信じなさい」

わたし「分かりました」

神様とのやりとり㉜

「他人の成長を妨げない」

わたし「親から家のカギを閉められ家に帰れない、と言う高校生に出会いました。
親は心配してるから、早く帰って欲しくてそうしてるんだと、
私は親になった今なら分かりますが、
高校生にはわかるはずがありません。
ただ遅く帰ったから、締め出されただけだと感じ取ると思います。
元気なふりはしていましたが、深く傷ついていました。
見ていて可哀想でした。
抱きしめて欲しいのだろうなと思いました」

天之御中主様「それもまたその子にとって必要な経験なんだ。

その子の親にとってもだ。
その子が成長して自分の子を持ったときどうすると思う？
親のようになるのか、それとも、
自分がした経験を子にさせないでおくのか。
魂が成長できたなら、自分の子にはしないだろう」
その高校生には母親の気持ちを伝えてみましたが、どう思ったのかわかりません。

神様とのやりとり㉝

「人生はあなたが決めるもの」

親戚が亡くなった時、コロナ禍で葬儀はしないという連絡がありました。ニュースでは、コロナウィルスで多くの方が亡くなっているのを見て、何でなんだろう？　と不思議に思ったので神様に聞いてみました。

わたし「人はなぜ死ぬのですか？」

天之御中主様「人は生まれてから死ぬまで全て決めて来ている。だから全て遅くなく早くないんだ。本で読んだろ？　あれは本当だ。病気も、死産も全てだ。人を助けなさい。あなたならできる。

悲しさの先に何が見える？　その奥にあるものを感じなさい。
ずっと下を向いていて何が見える？
上を向いてみなさい。
何か違うものが見えてくる。
大丈夫。
やまない雨はない。
抜けられないトンネルもない。
雲の上はいつも青空なんだからと以前あなたは言っていたではないか。
安心しなさい。
あなたの人生はあなたが決め、
他の人の人生はその人が決めるのだから」

【番外編】霊とのやりとり

「霊にも幸せを」

神様とやりとりする内にわたしは、命のある生物や自然、微生物の倖せだけでなく、命のなくなった人たち、未だ成仏できていない霊まで倖せになれたらと思うようになっていました。

このときは好奇心から、成仏できてない霊に意識を合わせると、髪の長い下を向いた女の人と、落ち武者のような男性に、コンタクトを取ることができました。

その人たちは「話がしたいから来た」と言っていました。

わたしは、彼らが何を思っているのか、共に良くなっていくには、どうすればいいのか気になっていました。

絶対、普通ではないですよね。書いていて、バカじゃないかと自分でも思います。

二つの霊が伝えたかったことは同じでした。

霊「寂しかった。辛かった。苦しかった。気づいてほしかった。驚かそうとは思ってない。怖がられたくない。ただ皆に気づいてほしかった」

わたし「これからは笑顔でいよう。大丈夫だから。怖がらなくていい。皆同じなんだよ。天使になる。キラキラした福の神になる。皆から、愛されよう。あなたたちは、倖せになるために産まれてきた。愛されない人なんていない。大丈夫だよ。どんなに怖いと思われている霊にもきっと生きていたときは名前があった。愛されたかった。なら愛そう。大丈夫だよ」

二つの霊は「ありがとう」といって、キラキラ光りながら消えて行きました。
わたしは、この本の中に霊たちの声を書くように約束しました。皆が気づけば未来は明るい。
全ての霊たちが成仏し、光になりますように。

【神様からのメッセージ】

「日本から世界を変える」

新年を迎え、またコロナウィルス感染者が増えてきているということで、地球はこれからどうなるのか気になり聞いてみました。


天之御中主様「コロナウィルスはいったん落ち着くが、また違う形、または進化したウィルスとなり起こる。

だが、全て人間次第なのだ。

何度も言ったはずだ。人間次第で全て変えることができる。

どちらも用意されているのだ。皆、地球の声に耳を傾けなさい。

虫の声を聞き、鳥と話し、川がなんと言っているのか聞きなさい。

今あることに目を向けなさい。

それが地球が本当に望んでいることか、考えて行動しなさい。
本当に正しい判断は、日本人であればできる。
それができるのが日本人なのだから、世界にそれを伝えなければならない。
そうしなければ、地球は大変なことになる。
このままでは、いけない。
地球を本当に愛すことが出来たら、行動が変わるだろう。
以前話した、地球が泣いている。という言葉を覚えているだろう。
地球を泣かせてはいけない。
皆が共に生きることができたら地球は素晴らしい星に戻る。
それが、地球の願いであり、わたしの願いだ。
いままでの行動はもう仕方ない。
それは経験として受け入れ、これから正せば良い。
人間は成長できるんだ。
全てが変わることは本当に大変だと思う。
でも、それがこの先必要なことなんだ」

そして、今ある仕事はほぼ全てなくなる映像を見せられました。

「それらの職業は、地球のためではないからなくなる。
職を失った人々は暴動を起こす。そして理性を失う。
全て、人間が侵した結果なのに。
だが、日本人は違う。愛がある。
だから、世界を救える。
何もなくなってしまったとしても、日本人は皆で思いやり、生活するようになる。
その心を世界中に教えなければいけない。
今の若者たちに、薄れてきた感情を思い出させてあげなくてはならない。
だから、この本は必要になる。
世界中にだ。
以前も言ったはずだ。
難しいことを言っても受け入れられることはない。
あなたは何も知らないことばかりで素直だから、
皆から受け入れられやすいのだ。
だから何度もいった。急ぎなさいと」

コラム　「家族との関係の変化」

はじめて主人に神様の声の話をしたとき、信じてくれているのかどうか分かりませんでした。

ただ聞いていてくれているだけと思っていました。

わたしに神様の声が聞こえるようになり、その神様の声を最初に伝えていたのが主人です。

主人はその日から、いつも神様に言われた通りに行動していたそうです。

主人自身も「考え方が変わった」と言っていました。

子どもたちに話したのも、それから随分たってからです。

絶対頭がおかしくなったと思われると思っていたので、子どもたちにも話していませんでしたが、ある日、車の中で「虫の声」の話をしました。

子どもたちは、わたしの話を静かに聞いていました。

「人間が全部悪いんだから。虫が可哀想」

「人間は死んで当然のことをした。虫が人間を殺して当然だと思う」

「虫が窓に突撃してくるのは、人間に対する怒りが原因なんじゃない？」
「泣きそう」
と言ってました。

子どもたちが虫たちの声にきちんと向きあってくれて、嬉しかったです。
この気持ちを忘れずにいて欲しいです。そして、色々な人に伝えて欲しいと思います。
一番大きく変わったのは自分自身です。
主人に対しての気持ちが随分変わりました。
今までも個性心理學を通し主人を見ていたので、分かっているつもりでいました。
けれども、理解できない部分がやっぱり多くありました。
自分が主人にただただ、認めて欲しかったんだと気づかされました。
それだけでいいと。
そのおかげで、喧嘩が減りました。
毎回神様が話を聞いて下さり、アドバイスをくれる中で、
わたしの器の大きさが明らかに変わってきました。

ある日神様から、

「主人はあなたを助けるためだけにいる」と聞いたとき、

「主人を自分や子どもより第一に考えていたのに、なんでわかってくれないの？」

と思っていた自分と向き合いました。

わたしも同じように仕事をしながら、子育て、家事、全部やっているのに、何も手伝って
くれない主人にイライラしていました。

「ご主人のために食事を作ると考えるとイライラするけど、子どもたちのために作ってい
るんだと思えば、イライラしないだろう」と教えてくれました。

何より大切な子どものためだと思えば、確かにイライラしません。

そんな風に今までは考えたこともありませんでした。

それから、考え方、捉え方のお話を毎日するようになりました。

「良いも悪いもない。ただあるだけ」と何度も言われ、泣かされました。

わたしが迷っていたときの会話の一部、

「迷いというのは素晴らしいことだ。感じている証拠なんだよ」

この言葉で、自分と向き合うことができました。

ちゃんと感じることで、何が必要で、何が必要でないか見えてきました。


余談ですが、びっくりしたエピソードがあります。

２０１９年10月から娘の自転車の鍵をずっとなくしていました。

そんなある日、洗濯物を干していると、

神様「この自転車の鍵は玄関の水槽の横のところにある」と教えてくれました。

わたしは、何度も探していたので「そこに、あるわけない」と思っていたけど、神様の言ってることだからと思い、玄関にある水槽へ行きました。

そして、神様に言われた通り水槽の横を見てみました。

すると、なんとビックリ！　自転車の鍵らしいものがありました。

娘が言っていた自転車の鍵と色が違っていましたが、神様が話されたことだしと思い、その鍵を自転車の鍵穴にさしてみました。

鍵は開きませんでした。

やっぱり違う鍵だったんだ、と1度は諦めかけました。

でも神様がまさか嘘をつくなんてあり得ないと思い、ちょっと鍵を押してみました。

そしたら、「ガチャ」っと開いたんです！

当たり前かもしれないけれど、目を疑うくらいビックリしました。

「神様ってやっぱ神！」

と思いました。

「神様、自転車の鍵を見つけてくださりありがとうございました」

今も神様の見つけてくださった鍵のおかげで自転車に乗ることができています。

おわりに

２０２１年２月11日。建国記念の日。

宇佐神宮で建国記念イベントがあったので友人と参拝に行きました。
そのイベントの最中、神様が話しかけて来られました。

神様「言霊を感じなさい。ありがとうの奥にある意味。波動。ありがとうを増やしなさい。
ありがとうを言うだけで、そこは癒やしの地となる」

最近寝不足で疲れが溜まり、感謝が足りてなかったのかもしれないなと思いました。

その後、イベントが終わり、本殿へ参拝に行きました。
祝詞を奏上し、この本の執筆に行き詰まっていたわたしは、
改めて神様にお願いしました。

わたし「神様、本がなかなか思うように纏《まと》まりません。神様の声を色々な方にお伝えしたいのに、どうすれば良いのか分かりません。どうか手伝ってください」と伝えました。すると、

神様「分かった。大丈夫だ。安心しなさい」

と神様が応えてくださいました。
その言葉に、行き詰まっていたわたしの心が、すっと楽になりました。

そして駐車場に行くと、本の担当をして下さっている高橋さやかさんからメールが入り、見ていたんじゃないかと思うくらいのタイミングに凄く驚きました。
そして、なかなか進まなかったことがスムーズに解決し、本を書き進めることができました。

参拝した後、今までの事を振り返ってみると、「時間がない、時間がない」と言っていたわたしに、神様は、２０２０年夏、水害と台風で葱の成長を止め、時間を作って下さり、それでも、「時間がなくてどうして良いか分からない」
と言ったわたしのために、

２０２１年１月の大雪で葱の成長を止め、
再び本を出版する時間を作ってくれていたのです。

そのことに初めて気づきました。

全て、わたしが起こした現実だったんです。
早く皆様に「自分の思考は直ぐに現実になるんだ」ということを伝えなければと思いました。

神様は困っていたら、必ず助けてくださいます。
それを受け取るか受け取らないかは自分次第だと思います。

是非、皆様も神様にお願いしてみてください。何かに気づくことが出来るかもしれません。

わたしの神様との対話は、今もほぼ毎日続いています（現在進行形）。

弦本祐呼（つるもと ゆうこ）

1979年、大分県中津市に
農家の次女として生まれる。
幼少期UFOに連れ去られた経験を持つ。
元暴走族総長の主人と結婚。
４人の子どもに恵まれる。
出産後、父の跡を継ぎ、
有限会社弦本農園に勤務。
農業を通じ「医食同源」「食の大切さ」
「安心、安全、健康、倖せ」を願い栽培。
叔父である個性心理學の創設者・弦本將裕の影響で、
自らも個性心理學（動物キャラナビ）を学ぶ。
2018年、中津市初となる、
個性心理學研究所® つるちゃん支局を立ち上げる。
世界中の人々が人間関係において
ストレスのない、笑顔の絶えない人生を送ることを願い、
カウンセリング、講演会、セミナー等を主宰。
家事、育児、仕事の両立に奮闘する中、
2019年、突然神様の声が聞こえるようになる。

有限会社弦本農園
https://tsuku2.jp/tsuruchannegi

詩風～ポエム～
個性心理學研究所® つるちゃん支局
https://tsuku2.jp/kosei-tsuruchan

「ポエムの神言葉」メルマガ配信
https://tsuku2.jp/mlReg/?scd=0000060442

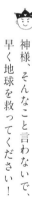

神様、そんなこと言わないで、早く地球を救ってください！

これからの世界に一体ナニが起こるの⁉

第一刷　2021年8月31日

著者　弦本祐呼

発行人　石井健資
発行所　株式会社ヒカルランド
〒162-0821 東京都新宿区津久戸町3-11 TH1ビル6F
電話　03-6265-0852　ファックス　03-6265-0853
http://www.hikaruland.co.jp　info@hikaruland.co.jp
振替　00180-8-496587

本文・カバー・製本　中央精版印刷株式会社
DTP　株式会社キャップス
編集担当　高橋さやか

ISBN978-4-86742-010-2

「太古の水」は、彗星捜索家の木内鶴彦さんが、地球誕生の頃の命を育む水を再現しようとして開発したものです。その活力に満ちた水を使って、体の外からも働きかける化粧品や薬用クリームなどが作られています。

太古の水・化粧品ラインは、３つのステップで構成されています。
●肌をやさしく洗う　●基礎化粧品で整える　●プラス化粧品で育む
飲用の太古の水原液と合わせて、お使いください。

●肌をやさしく洗う
食べる健康オイル「茶話（さわ）」を贅沢につかった２アイテム。

太古の水
ユイル　ド　テ　オイルクレンジングEX（200mℓ）
販売価格　2,750円（税込）

従来品の茶の実オイルをさらに精製し、より、しっとり感、香りの定着に優れたコスメティックグレードのティーオイルとして生まれ変わりました。ほのかなローズ&カモミールの香りも◎。
●成分：チャ種子油、トリイソステアリン酸PEG−20グリセリル、イソノナン酸イソノニル、エチルヘキサン酸セチル、太古の水、ノバラ油、ローマカミツレ花油、ヤシ油脂肪酸PEG−７グリセリル、トコフェロール、フェノキシエタノール

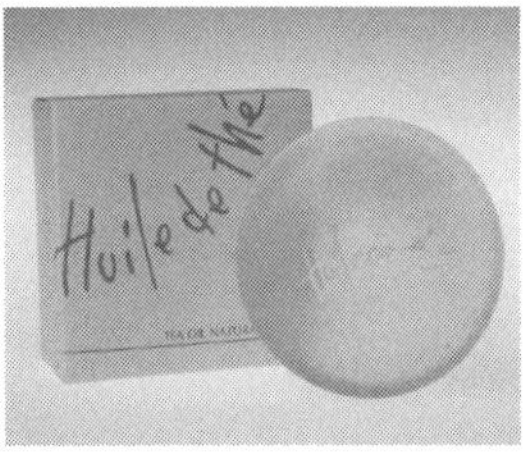

太古の水
ユイル　ド　テ　ナチュラルソープ
３個セット（１個100g）
販売価格　5,940円（税込）

一番しぼりの茶の実油（Tea Oil）を30%以上使って作った石鹸。驚くほどの泡立ちと洗顔後のしっとり感が大好評です！　薄い皮脂も優しく保護して洗えるので、乾燥が気になる部分にもぜひ。
●成分：石ケン素地、太古の水、スクロース、グリセリン、エタノール、チャ種子油、エチドロン酸４Na

本といっしょに楽しむ ハピハピ♥ Goods&Life ヒカルランド

木内鶴彦氏

『あの世飛行士』木内鶴彦・保江邦夫著（ヒカルランド刊）でお馴染みの彗星捜索家・木内鶴彦氏が考案した「太古の水」は、地球に生命が誕生した頃の活力に満ちた水を目指して作られたものです。

木内さんは活力にあふれた水をそのままの状態に保つ方法を研究しました。カギを握るのは圧力と太陽光。どちらも自然の贈り物です。
太古の水0.5ccサイズは500㎖のミネラルウォーターに１本、
１ccサイズは１ℓに１本入れてご使用ください（これで1000倍希釈になります）。

冷やしても温めてもおいしくお飲みいただけます。ごはんやおかゆを炊いたり、味噌汁や野菜スープを作る時に使用すると、素材の味をよく引き出します。

健康づくりのために飲む場合は、１日500㎖を目安に、ご自分の体と相談しながらお飲みください。なお、水分を制限されている方は、その範囲内でお飲みください。

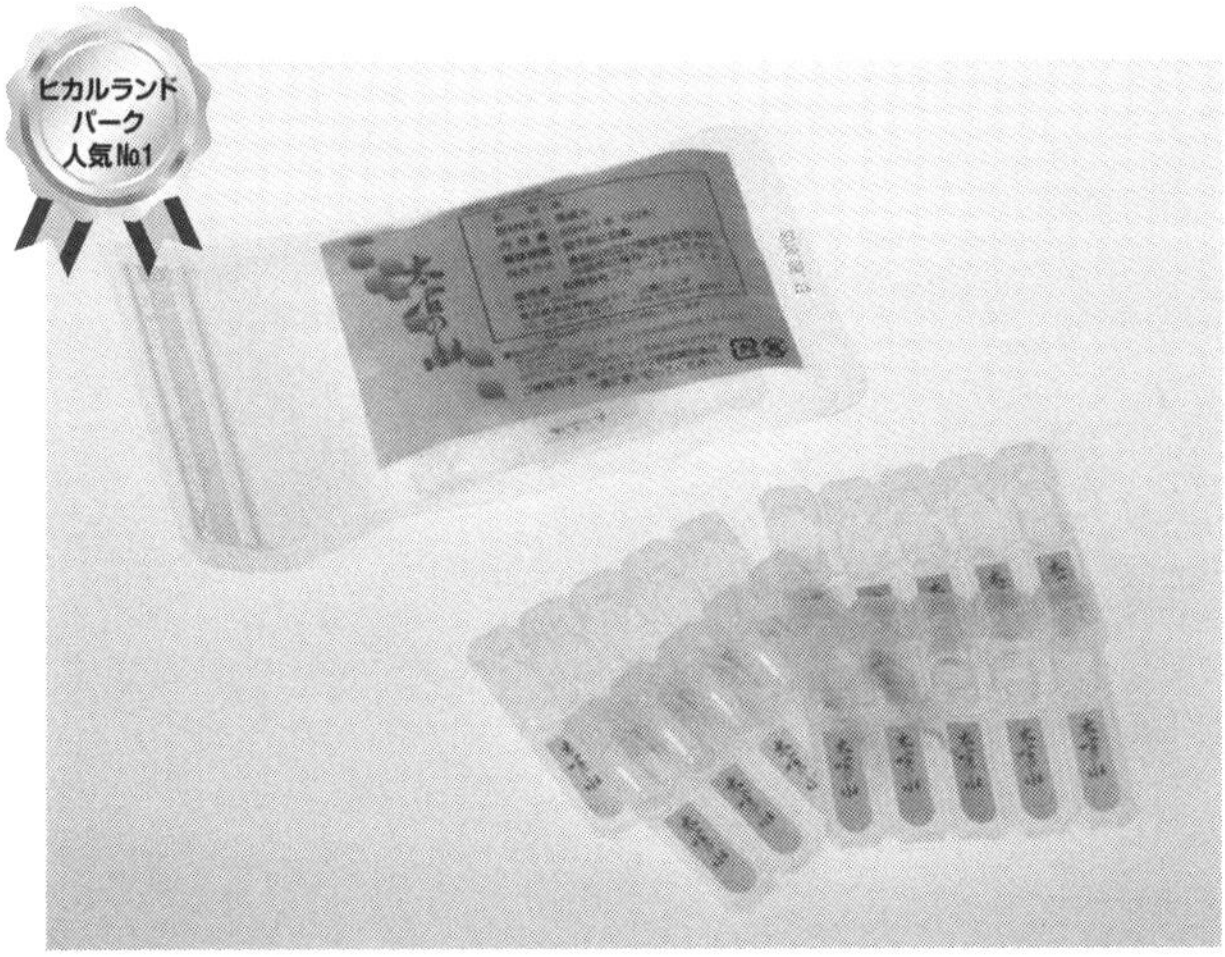

太古の水原液（0.5cc×20個）×２パックセット
販売価格　5,184円（税込）

太古の水原液（１cc×20個）×２パックセット
販売価格　9,720円（税込）

HIKARULAND RECOMMEND

BOOKS

引き裂かれた
《いのちのスピリット》たちよ！
unity の世界に戻って超えていけ
この惑星の重大局面を乗り切るチカラ

増川 いづみ (著),リンダ・タッカー (著),
森下 敬一 (著), 池田整治 (著),
グレゴリー・サリバン(著),
さとううさぶろう(著), 白鳥 哲 (著),
滝沢 泰平 (著), 永伊智一 (著),
船瀬 俊介 (著), 森井啓二 (著)

単行本（ソフトカバー）
☆好評発売中☆
価格(税込)：2,750円

【本書の内容】

存在するのは地球生命すべてが共振共鳴する《たった一つのフィールド》だけだった！

いのち共同創造つながり
人々を感動のスパイラルに包み込んだ
2017.5.27-28《八ヶ岳いのちの調律まつり》
のもようを紙上に再現
アルクトゥルス、プレアデスのUFOもやって来た

この惑星の生きとし生けるものを覆う
《人類の底知れぬ闇》
この巨大な歪曲エネルギーと
向き合うべくもよおされた
光の発動《ホワイトライオンフェシバル》のすべて

リンダ・タッカーは白人女性でありながらアフリカのライオンシャーマンの遺髪を継ぐ人となった
彼女が授かったその奥義の要諦は「野生のホワイトライオンが地上から消える時、人類は滅ぶ」だった！
リンダに共鳴した日本の有意の人たちが集い、語らい、歌い、舞った
それは光の渦となって次元をアップグレードしたはずだ

HIKARULAND RECOMMEND

動画配信

【講演者プロフィール】
白鳥 哲（映画監督・俳優・声優）
自身は俳優・声優でありながら、2005年より地球環境へのアプローチを人類の在り方から問う劇場公開映画７作品を発表。地球蘇生プロジェクトのヴィジョンに則った短編映画21作品を恩送り配信中。映画『祈り～サムシンググレートとの対話～』は、ニューヨークマンハッタン国際映画祭グランプリなど数々の国際映画祭で賞を受賞し、劇場上映期間３年３か月という国内歴代一位のロングランを達成。地球環境を問う連作『蘇生』『蘇生Ⅱ～愛と微生物～』は、人間の在り方に肉薄する。最新作はごみ問題に焦点をあてた『ゼロ・ウェイスト PLUS～持続可能な暮らし～』。劇場公開映画『ストーンエイジ』(2005)、『魂の教育』(2008)、『不食の時代～愛と慈悲の少食～』(2010)、『祈り～サムシンググレートとの対話～』(2012)、『蘇生』(2015)、『リーディング～エドガー・ケイシーが遺した、人類の道筋。～』(2018)、『蘇生Ⅱ～愛と微生物～』(2019)、中編映画『ルーツ～ヤマトとユダヤが手を合わすとき～』(2020)。一般社団法人９千年続く平成のいのちの森プロジェクト理事、地球蘇生プロジェクト代表。株式会社 OFFICE TETSU SHIRATORI 代表取締役社長

どこまで理解していますか？　今、地球でなにが起きているのか。


ファストフード用の肉のために、牛を飼う牧場を確保しようとして、１分間に東京ドーム２個分の森林が伐採されていること。海の珊瑚礁は温暖化により、白化して次々と死を迎え、海に流れ込んだプラスチックと汚染水により、海洋生物がどんどん激減していること。このままだとあと30年ほどで、地球上の自然は完全崩壊するとも言われていること。自然がなくなるということは、人間も地球からいなくなるということ。

もう見て見ぬフリはできない、リーチがかかっている状況です。社会でヨシとされていることに流されて、自分の考えを持たないと、その先には人類の悲劇が待っている。そこに気づいても、どこから手をつけていいのかわからない。ちっぽけな自分になにができるんだろう！？　そんなときは、まず、自分を愛することからはじめてみてください。自分を本気で愛しはじめると、両親にも親族にも他者にも、動植物にも地球にも、自然と愛の意識を向けられる。自己犠牲で取り組むのではなく、まずは自分に目を向けることが大切。すべてはつながっているから、地球を傷つけることは、周り回って自傷行為と同じこと。自愛は最速の地球蘇生につながっていくのです。

白鳥監督からの熱くハートフルなメッセージを受け取れる、すばらしい２時間のトークライブ。地球に住むすべての生命あるものたちにぜひ見ていただきたいオススメ動画です。

この動画は2021年５月４日に開催された、ヒカルランドパークで初となる白鳥監督の単独講演会を収録したものです。講演会はあっという間に満席となり、増席してもさらに満席になるほど大人気だったため、リアルタイムでご視聴いただけなかったたくさんの方からリクエストをいただき、講演会の内容をまるっと動画にいたしました。すべて字幕付きなので音声なしでも内容を追っていただけます。


【内容】
・はじめのご挨拶　・短編映画『地球蘇生プロジェクト』上映　・白鳥監督単独講演会　・白鳥監督×ファシリテーターのクロストーク　・質問タイム

【料金】 3,000円（税込）
【収録時間】 約２時間
URL　https://hikarulandpark.jp/shopdetail/000000003596/

【QR コード】

自然の中にいるような心地よさと開放感が あなたにキセキを起こします

神楽坂ヒカルランドみらくるの1階は、自然の生命活性エネルギーと肉体との交流を目的に創られた、奇跡の杉の空間です。私たちの生活の周りには多くの木材が使われていますが、そのどれもが高温乾燥・薬剤塗布により微生物がいなくなった、本来もっているはずの薬効を封じられているものばかりです。神楽坂ヒカルランドみらくるの床、壁などの内装に使用しているのは、すべて45℃のほどよい環境でやさしくじっくり乾燥させた日本の杉材。しかもこの乾燥室さえも木材で作られた特別なものです。水分だけがなくなった杉材の中では、微生物や酵素が生きています。さらに、室内の冷暖房には従来のエアコンとはまったく異なるコンセプトで作られた特製の光冷暖房機を採用しています。この光冷暖は部屋全体に施された漆喰との共鳴反応によって、自然そのもののような心地よさを再現。森林浴をしているような開放感に包まれます。

みらくるな変化を起こす施術やイベントが 自由なあなたへと解放します

ヒカルランドで出版された著者の先生方やご縁のあった先生方のセッションが受けられる、お話が聞けるイベントを不定期開催しています。カラダとココロ、そして魂と向き合い、解放される、かけがえのない時間です。詳細はホームページ、またはメールマガジン、SNSなどでお知らせします。

神楽坂ヒカルランド　みらくる　Shopping & Healing
〒162-0805　東京都新宿区矢来町111番地
地下鉄東西線神楽坂駅２番出口より徒歩２分
TEL：03-5579-8948　メール：info@hikarulandmarket.com
営業時間11：00〜18：00（１時間の施術は最終受付17：00、２時間の施術は最終受付16：00。イベント開催時など、営業時間が変更になる場合があります。）
※ Healing メニューは予約制。事前のお申込みが必要となります。
ホームページ：http://kagurazakamiracle.com/

神楽坂ヒカルランド
《みらくる Shopping & Healing》
大好評営業中!!

宇宙の愛をカタチにする出版社　ヒカルランドがプロデュースしたヒーリングサロン、神楽坂ヒカルランドみらくるは、宇宙の愛と癒しをカタチにしていくヒーリング☆エンターテインメントの殿堂を目指しています。カラダやココロ、魂が喜ぶ波動ヒーリングの逸品機器が、あなたの毎日をハピハピに！ AWG、メタトロン、音響チェア、ブルーライト、ブレインパワートレーナーなどなど……これほどそろっている場所は他にないかもしれません。まさに世界にここだけ、宇宙にここだけの場所。ソマチッドも観察でき、カラダの中の宇宙を体感できます！　専門のスタッフがあなたの好奇心に応え、ぴったりのセラピーをご案内します。セラピーをご希望の方は、ホームページからのご予約のほか、メールで info@hikarulandmarket.com、またはお電話で03-5579-8948へ、ご希望の施術内容、日時、お名前、お電話番号をお知らせくださいませ。あなたにキセキが起こる場所☆神楽坂ヒカルランドみらくるで、みなさまをお待ちしております！

「健康茶」すごい！薬効
もうクスリもいらない
医者もいらない

船瀬 俊介 (著)

単行本（ソフトカバー）
☆好評発売中☆
価格(税込)：1,997円

日本古来から伝わる健康茶には、驚きの薬効がつまっていた！代表的な健康茶29種の効能、臨床データ、作り方までを完全公開！それでもあなたはまだクスリを飲み続けますか？船瀬俊介渾身の調査！埋もれた名著「船瀬俊介の民間茶薬効事典」の完全復刻改訂版！

野草を宝物に

小釣はるよ (著)

単行本（ソフトカバー）
☆好評発売中☆
価格(税込)：1,980円

人生のどん底、涙を我慢して閉じ込めた思いに共鳴したのは、野草の無償の愛と生命力でした。

大好評だった「松の底力講座！＋野草のお味噌作り体験！」セミナー＠ヒカルランドパークを書籍化！

現代で日月神示「松食(お)せよ」を実践するなら絶対にオススメの一冊。ダイレクトに「松」の力をいただく「松ジュース」もご紹介！